Nomes-do-Pai

Campo Freudiano no Brasil

Coleção dirigida por Judith (*in memoriam*) e Jacques-Alain Miller

Assessoria brasileira: Angelina Harari

PARADOXOS DE LACAN
série apresentada por Jacques-Alain Miller

~ *Nomes-do-Pai*

~ *O triunfo da religião*
precedido de *Discurso aos católicos*

~ *Meu ensino*

~ *O mito individual do neurótico*

~ *Estou falando com as paredes*

Jacques Lacan

Nomes-do-Pai

Tradução:
André Telles

Revisão técnica:
Vera Besset

ZAHAR

Tradução autorizada da primeira edição francesa
publicada em 2005 por Éditions du Seuil, de Paris, França

Título do original
Des Noms-du-Père

Capa
Dupla Design

CIP-Brasil. Catalogação-na-fonte
Sindicato Nacional dos Editores de Livros, RJ

L129n Lacan, Jacques, 1901-1981
Nomes-do-Pai / Jacques Lacan; tradução, André Telles; revisão técnica, Vera Lopes Besset. — 1ª ed. — Rio de Janeiro: Zahar, 2005.
il. — (Campo freudiano no Brasil)

Tradução de: Des noms-du-Père
Inclui bibliografia
ISBN 978-85-7110-868-4

1. Psicanálise. I. Título. II. Série.

05-2073 CDD: 150.195
CDU: 159.964.2

EDITORA SCHWARCZ S.A.
Praça Floriano, 19, sala 3001 — Cinelândia
20031-050 — Rio de Janeiro — RJ
Telefone: (21) 3993-7510
www.companhiadasletras.com.br
www.blogdacompanhia.com.br
facebook.com/editorazahar
instagram.com/editorazahar
twitter.com/editorazahar

Sumário

Preâmbulo 7

O simbólico, o imaginário e o real 9

Introdução aos Nomes-do-Pai 55

Indicações biobibliográficas 89

Preâmbulo

Este volume reúne, não sem razão, duas intervenções de Lacan distantes dez anos uma da outra, 8 de julho de 1953/20 de novembro de 1963, e que tratam de assuntos aparentemente heterogêneos.

"O simbólico, o imaginário e o real" precede imediatamente a redação, durante o verão, do relatório de Roma sobre "Função e campo da fala e da linguagem em psicanálise", que marcava o início público do "ensino de Lacan", como diríamos mais tarde. A conferência constitui a apresentação temática inaugural da famosa tríade que sustentará de ponta a ponta a elaboração de Lacan ao longo das três décadas seguintes, até se tornar seu objeto essencial não apenas conceitual, mas matemático e material, sob a forma do nó borromeano e seus derivados.

Em seguida encontra-se a primeira e única lição do Seminário sobre os Nomes-do-Pai. *Interrompido em circunstâncias dramáticas – a perda de sua função de "didata" (na época, psicanalista habilitado a formar psicanalistas) –, o Seminário deveria ter um novo ponto de partida em janeiro de 1964, na rua d'Ulm, nas dependências da École Normale Supérieure, sob o título* Os quatro conceitos fundamentais da psicanálise.

Lacan sempre se recusou a retomar o tema do Seminário subitamente abortado, e até mesmo em publicar em vida o texto da única lição pronunciada. Ao concluir, em função de seus dissabores, que o credenciamento do "discurso psicanalítico" não lhe havia sido dado para erguer, como tinha a intenção, o véu com que Freud recobrira o verdadeiro fundamento da psicanálise, e que tinha sido punido por se mostrar sacrílego, assinalou, para bom entendedor – sobretudo com o título irônico que deu a um Seminário posterior, Les non-dupes errent* –, *que manteria mão de ferro sobre verdades por demais intempestivas.*

Mais discreto, o questionamento dos limites do complexo edipiano e do mito paterno nem por isso deixou de continuar a correr através de seminários e escritos, até a depreciação do Nome-do-Pai em sintoma e utensílio (cf. o Seminário Le Sinthome, *no prelo).*

A acoplagem desses dois textos decerto se justificaria numa perspectiva histórica (ver no final do volume as indicações bio-bibliográficas). Mas a verdadeira razão que me fez decidir aproximá-los foi outra: dar peso à indicação de Lacan em seu último ensino, meio-espirituosismo, meio-sentença, bem à sua maneira de meio-dizer, segundo a qual o simbólico, o imaginário e o real, eis os verdadeiros Nomes-do-Pai.

Jacques-Alain Miller

---

* Literalmente, "Os não-tolos erram", expressão, em francês, homófona a "Os nomes-do-pai". (N.T.)

O simbólico, o imaginário e o real

Meus bons amigos, vocês podem ver que, para essa primeira comunicação dita científica de nossa nova Sociedade, escolhi um título que não deixa de ser ambicioso.

Assim, começarei em primeiro lugar por me desculpar por isso, pedindo-lhes que considerem esta comunicação ao mesmo tempo como um resumo de pontos de vista que aqueles que são meus alunos aqui conhecem bem, com os quais já estão familiarizados há dois anos por intermédio do meu ensino, e também como uma espécie de prefácio ou introdução a certa orientação de estudo da psicanálise.

Com efeito, creio que o retorno aos textos freudianos, que são objeto do meu ensino há dois anos, proporcionou-me, ou melhor, proporcionou a todos nós que trabalhamos em conjunto, a idéia cada vez mais clara de que não há apreensão mais completa da realidade humana que a feita pela experiência freudiana, e que não podemos deixar de retornar às fontes e apreender esses textos em todos os sentidos da palavra.

Não podemos deixar de pensar que a teoria da psicanálise e, ao mesmo tempo, sua técnica, que não formam senão uma única e mesma coisa, sofreram uma espécie de encolhimento, e, a bem da verdade, de degradação. É que, de fato, não é fácil manter-se no nível de tal plenitude.

Por exemplo, esta noite pensei em tomar como base e exemplo do que tenho a lhes expor um texto como o do *Homem dos Lobos*. Porém, embora eu tivesse realizado um seminário sobre o tema no ano passado, fiz durante todo o dia de ontem uma releitura completa do texto, e tive simplesmente a sensação de que era completamente impossível dar-lhes uma idéia aqui, ainda que aproximativa, sobre ele, e que só havia uma coisa a fazer com o meu seminário do ano passado: refazê-lo no ano seguinte.

O que me ocorreu a partir desse texto formidável, depois do trabalho e do progresso que fizemos este ano em torno do texto do *Homem dos Ratos*, faz-me pensar que o que eu lançara no ano passado como princípio, como exemplo, como tipo de pensamento característico fornecido por esse texto extraordinário, não passava de uma simples aproximação (*approche*), como se diz em linguagem anglo-saxã, em outros termos, um balbucio. De modo que tentarei esta noite, muito simplesmente, dizer algumas palavras sobre o que significa a confrontação desses três registros bem distintos que são, efetivamente, os registros essenciais da realidade humana e que se chamam simbólico, imaginário e real.

1

Em primeiro lugar, uma coisa não poderia nos escapar, a saber, que há na análise toda uma parte de real em nossos sujeitos que nos escapa. Nem por isso ela escapava a Freud quando este tinha de lidar com cada um de seus pacientes; porém, naturalmente, estava igualmente fora de sua apreensão e alcance.

Não nos choca muito a forma como ele fala de seu Homem dos Ratos, distinguindo-o entre suas personalidades. É isso que ele conclui, reconhecendo nele *a personalidade de um homem fino, inteligente e culto*, pondo-a em contraste com as outras personalidades com que teve de lidar. Se isso é atenuado quando fala de seu Homem dos Lobos, nem por isso deixa de falar dele. Mas não somos forçados, a bem da verdade, a subscrever todas as suas apreciações. Não me parece que se trate, no Homem dos Lobos, de alguém de tanta classe. Mas é surpreendente que ele tenha destacado isso como um ponto particular. Quanto a sua Dora, nem se fale, pode-se quase afirmar que ele a amou.

Esse elemento direto, esse elemento de ponderação, de apreciação da personalidade, não deixa de nos surpreender. É algo com que temos de lidar o tempo todo no registro mórbido, por um lado, e mesmo no registro de uma experiência analítica, com sujeitos que não se encaixam de modo algum nesse registro. É um elemento que devemos observar sempre, e que está particularmente presente em nossa experiência, nós que estamos encarregados desse pesado fardo de escolher aqueles que se submetem à análise com objetivo didático.

O que diremos, enfim, ao cabo de nossa seleção? Todos os critérios invocados – a neurose é necessária para fazer um bom analista? um pouquinho? muito? seguramente não, de jeito algum? – afinal, será de fato isso que nos guia num julgamento que nenhum texto pode definir e que nos faz apreciar as qualidades pessoais? A saber, essa realidade que se exprime nisto: um sujeito tem ou não tem estofo, ou é, como dizem os chineses, *She-un-ta*, um homem de grande formato, ou *Sha-ho-yen*, um homem de pequeno formato. Eis efetivamente algo que constitui os limites de nossa experiência.

O que é posto em jogo na análise? Será essa relação real com o sujeito, isto é, reconhecer sua realidade segundo certa forma e segundo nossas medidas? Será com isso que temos de lidar na análise? Decerto não, é incontestavelmente outra coisa. Eis, com efeito, a questão que incessantemente nos colocamos, e que se colocam todos aqueles que tentam fornecer uma teoria da experiência analítica. Em que consiste essa experiência singular entre todas, que vai produzir transformações tão profundas nesses sujeitos? O que são elas? Qual é seu mecanismo?

Há muitos anos a elaboração da doutrina analítica é feita para responder a essa questão. O homem comum, o homem público, não parece se espantar muito mais com a eficácia dessa experiência que se passa integralmente em palavras, e, no fundo, tem bastante razão, já que, com efeito, ela caminha, e que, para explicá-la, parece que teríamos, a princípio, somente que demonstrar o movimento pelo ato de caminhar. Falar já é introduzir-se no objeto da experiência analítica. É aí, de fato, que convém colocar inicialmente a questão: o que é a fala, isto é, o símbolo?

Na verdade, antes de tudo, assistimos a um evitamento dessa questão. E constatamos que, ao reduzi-la, ao não vermos nos elementos e mecanismos propriamente técnicos da análise nada mais que instrumentos destinados a modificar, por meio de uma série de abordagens, as condutas e costumes do sujeito, desembocamos muito rápido em um certo número de dificuldades e impasses. Indo nesse sentido, decerto não vamos até o ponto de encontrar um lugar para eles no conjunto de uma consideração completa da experiência analítica, mas iremos cada vez mais em direção a um certo número de opacidades que se opõem a nós e que tendem, assim, a transformar a análise em uma experiência que parecerá mais irracional do que realmente é.

É surpreendente ver quantos sujeitos recém-chegados à experiência analítica se produziram, em sua primeira forma de se expressar sobre sua experiência, ao colocarem a questão de seu caráter irracional, enquanto, ao contrário, parece não existir técnica mais transparente.

Claro, em uma análise, tudo vai nesse sentido; temos, em profusão, um certo número de pontos de vista psicológicos mais ou menos parciais do sujeito paciente, falamos de seu pensamento mágico, falamos de todos os tipos de registros que têm incontestavelmente seu valor e que são encontrados de forma particularmente viva pela experiência analítica. Daí a pensar que a própria análise atua no registro do pensamento mágico é um passo, rapidamente dado quando não se decide colocar, antes de tudo, a questão primordial – o que é a experiência da fala? a essência e a troca da fala? – e colocar ao mesmo tempo a questão da experiência analítica.

Partamos da experiência, tal como nos é a princípio apresentada nas primeiras teorias da análise. O que é esse *neurótico* com quem temos de lidar na experiência analítica? O que vai se passar nessa experiência? Em que consiste a passagem do consciente para o inconsciente? Quais são as forças que dão certa existência ao equilíbrio, e que chamamos de princípio do prazer?

Para ir rápido, diremos, como o sr. Raymond de Saussure que o sujeito alucina seu mundo. As satisfações ilusórias do sujeito são evidentemente de ordem diversa das satisfações que encontram seu objeto no real puro e simples. Nunca um sintoma aplacou a fome ou a sede de forma duradoura, sem a absorção de alimentos que as satisfaçam. Sem dúvida, uma queda geral do nível da vitalidade pode responder nos casos-limite, como vemos por exemplo na hibernação natural ou artificial, mas isso só é concebível como uma fase que não pode durar, salvo acarretando danos irreversíveis. A própria reversibilidade dos distúrbios neuróticos implica que a economia das satisfações ali envolvidas era de outra ordem e infinitamente menos ligada a ritmos orgânicos fixos, embora comandando uma parte deles. Isso define a categoria conceitual em que se inscreve esse tipo de objeto e que estou em vias de qualificar como o imaginário, caso queiram reconhecer nesse termo todas as implicações que lhe convêm.

A partir daí, é fácil ver que essa ordem de satisfação imaginária só pode ser encontrada nos registros sexuais.

Tudo isso é revelado a partir dessa espécie de condição prévia da experiência analítica – o que não surpreende, embora algumas coisas tivessem que ser confirmadas, controladas, inauguradas, eu diria, pela própria experiência. Uma vez feita a experiência, as coisas parecem de um rigor perfeito. O termo "libido" não faz, com efeito, senão exprimir a noção de reversibilidade que implica a de equivalência de um certo metabolismo das imagens. Para poder pensar essa transformação, é preciso um termo energético. Foi para isso que serviu a palavra "libido". Aquilo de que se trata é, naturalmente, algo complexo.

A satisfação imaginária não está, evidentemente, no simples fato de Demétrio ter ficado satisfeito ao sonhar que possuía a sacerdotisa cortesã, ainda que esse caso não passe de um caso particular no conjunto. Trata-se de um elemento que vai muito mais longe, e que é atualmente recortado por toda a experiência evocada pelos biólogos referente aos ciclos instintivos, muito especialmente no registro da sexualidade e da reprodução.

Deixando de lado os estudos ainda incertos e improváveis referentes aos relés neurológicos nos ciclos sexuais, que não são o que há de mais sólido em seus estudos, está demonstrado que esses ciclos, nos próprios animais, estão sob a dependência de certo número de desencadeadores, de mecanismos de desencadeamento, que são essencialmente de ordem imaginária. O que há de mais interessante nos estudos sobre os ciclos instintivos, seus limites e sua definição, é que, ao pôr à prova, para precisá-los, certo número de *releasers* até um certo limite de apagamento, pôde-se provocar artificialmente no animal um despertar da parte do ciclo do comportamento sexual em questão.

O fato é que, no interior de um ciclo de comportamento determinado, certo número de deslocamentos continua suscetível de ocorrer em determinadas condições. Com efeito, os biólogos não encontraram outro termo senão a própria palavra que serve para designar os distúrbios e os mecanismos primários sexuais dos sintomas nos sujeitos, isto é, o deslocamento. Por exemplo, em pleno ciclo de combate, observa-se a brusca ocorrência de um segmento do comportamento de sedução. Nas aves, um dos combatentes começa repentinamente a alisar as penas.

Mil outros exemplos disso podem ser dados. Não estou aqui para enumerá-los. Isso é simplesmente para lhes dar a noção de que esse elemento de deslocamento é um mecanismo essencial da ordem dos comportamentos ligados à sexualidade. Tudo indica que esses fenômenos não são eletivos nos animais. Mas os estudos de Lorenz sobre as funções da imagem no ciclo de alimentação mostram que o imaginário desempenha ali papel tão eminente quanto na ordem dos comportamentos sexuais. No homem, é principalmente nesse plano que nos vemos diante desse fenômeno.

Pontuemos essa exposição dizendo que os elementos de comportamento instintivo deslocado no animal são suscetíveis de nos fornecer o esboço de um comportamento simbólico. O que, no animal, denominamos um comportamento simbólico é o fato de um segmento deslocado assumir um valor socializado e servir ao grupo animal como referência para certo comportamento coletivo.

Assim, formulamos que um comportamento pode se tornar imaginário quando sua orientação a partir de imagens, e seu próprio valor de imagem para um outro sujeito, o torna suscetível de deslocamento fora do ciclo que assegura a satisfação de uma necessidade natural. A partir daí, o comportamento neurótico pode ser considerado elucidado no nível da economia instintiva.

Quanto a saber por que se trata sempre de comportamento sexual, não preciso voltar a isso a não ser para breves indicações. Que um homem possa ejacular à vista de uma pantufa não nos surpreende, tampouco que se sirva dela para levar o cônjuge a se sentir mais bem disposto, mas certamente ninguém pode imaginar que uma pantufa possa servir para aplacar a necessidade, mesmo extrema, de um indivíduo. Do mesmo modo, aquilo com que lidamos constantemente são fantasias. Na ordem do tratamento, não é raro que o paciente, o sujeito, faça intervir no curso da análise uma fantasia como a da felação do parceiro analista. Será este um elemento que faremos entrar num ciclo arcaico de sua biografia? Em uma anterior subalimentação? Está claro que nunca pensaremos nisso, seja qual for o caráter incorporativo que atribuamos a essas fantasias.

O que isso quer dizer? Pode dizer muitas coisas. De fato, convém perceber que o imaginário está longe de se confundir com o campo do analisável. É possível que haja aí outra função que não o imaginário. Não é porque o analisável encontra o imaginário que o imaginário se confunde com o analisável, seja ele inteiramente analisável, ou analisado.

Retomemos o exemplo do nosso fetichista, se bem que isso seja raro. Se admitirmos que se trata aí de uma espécie de perversão primitiva, não é impossível considerar a possibilidade de casos semelhantes. Suponhamos que se trate de um desses deslocamentos imaginários tais como os que encontramos realizados nos animais. Suponhamos, em outros termos, que a pantufa seja aqui estritamente o deslocamento do órgão feminino, já que o fetichismo é muito mais freqüente no macho. Se não houvesse nada capaz de representar uma elaboração com relação a esse dado primitivo, isso seria tão inanalisável quanto o é tal fixação perversa.

Inversamente, retomemos o caso do nosso paciente ou sujeito às voltas com uma fantasia de felação. Aí, é outra coisa, com sentido completamente diferente. Sem dúvida, pode-se considerar que essa fantasia representa o imaginário, certa fixação num estádio primitivo oral da sexualidade, mas não diremos que esse felador é um felador constitucional. Entendo com isso que a fantasia de que se trata, o elemento imaginário, tem valor estritamente simbólico, que só podemos apreciar em função do momento da análise no qual ele se insere. Com efeito, ainda que o sujeito retenha sua confissão, essa fantasia surge, e sua freqüência mostra suficientemente que ela surge num momento do diálogo analítico. Ela é feita para se exprimir, para ser dita, para simbolizar alguma coisa, e alguma coisa que tem um sentido completamente diferente, de acordo com o momento do diálogo.

Logo, o que isso quer dizer? Por um lado, que não basta que um fenômeno represente um deslocamento, que se inscreva nos fenômenos imaginários para ser um fenômeno analisável. Por outro lado, que um fenômeno só é analisável caso represente outra coisa que ele próprio.

2

Para abordar o tema sobre o qual lhes falo, quer dizer, o simbolismo, direi que toda uma parte das funções imaginárias na análise tem tanta relação com a realidade fantasística por elas manifestadas quanto a sílaba "po" com o vaso de formas preferencialmente simples, que designa. Em "polícia" ou "poltrão", a sílaba "po" tem evidentemente um valor completamente diferente. Pode-se servir do pote [*pot*] para simbolizar a sílaba "po",* ao contrário do que ocorre com o termo "polícia" ou "poltrão", mas convirá então acrescentar aí, ao mesmo tempo, outros termos igualmente imaginários, que não serão tomados, então, por outra coisa a não ser como sílabas destinadas a completar a palavra.

É de fato assim que devemos entender o simbólico de que se trata na troca analítica. Quer se trate de sintomas reais ou atos falhos, ou o que quer que seja que se inscreva no que encontramos e reencontramos incessantemente, e que Freud manifestou como sendo sua realidade essencial, trata-se ainda e sempre de símbolos, e de símbolos organizados na linguagem, portanto funcionando a partir da articulação do significante e do significado, que é o equivalente da própria estrutura da linguagem.

Não é meu esse termo que assinala que o sonho é um rébus, mas de Freud. Quanto ao sintoma, que também exprime algo estruturado e organizado como uma linguagem, é suficientemente evidenciado pelo fato, para partir do mais simples deles, do sintoma histérico, que fornece sempre algo equivalente a uma atividade sexual, mas nunca um equivalente unívoco. Ao contrário, ele é sem-

* A palavra *pot*, em francês, em função do *t* mudo, é pronunciada exatamente como a sílaba "po". (N.T.)

pre plurívoco, superposto, sobredeterminado, e, para resumir, construído exatamente da mesma maneira que as imagens são construídas nos sonhos. Existe aí uma concorrência, uma superposição de símbolos, tão complexa quanto o é uma frase poética que vale ao mesmo tempo por seu tom, sua estrutura, seus trocadilhos, seus ritmos, sua sonoridade. Tudo se passa em diversos planos, e tudo é da ordem e do registro da linguagem.

Isso talvez não nos apareça suficientemente em sua relevância caso não busquemos examinar o que é, originariamente, a linguagem.

Naturalmente, a questão da origem da linguagem é um dos temas que melhor podem se prestar a delírios organizados, coletivos ou individuais. Não é o que temos a fazer. A linguagem está aí. É um emergente. Agora que emergiu, jamais saberemos quando nem como começou, nem como era antes que fosse.

Porém, de todo modo, como exprimir o que talvez tenha se apresentado como uma das formas mais primitivas da linguagem? Pensem na palavra que serve como senha. Escolhi propositalmente esse exemplo porque a miragem, quando se fala da linguagem, consiste em acreditar sempre que sua significação é aquilo que ela designa. Mas não, não. Claro que ela designa alguma coisa, que cumpre determinada função nesse plano. Mas a senha tem essa propriedade de ser escolhida de forma completamente independente de sua significação.

E se esta for idiota? A escola responde – é bom nunca responder – que a significação de tal palavra é designar aquele que a pronuncia como tendo esta ou aquela propriedade que responde à questão que precisa da senha. Outros dirão que o exemplo é mal escolhido, pois tomado no âmbito de uma convenção. Isso é ainda melhor. Por outro lado, não se pode negar que a senha tenha as virtudes mais preciosas, uma vez que serve muito simplesmente para evitar que você seja morto.

É efetivamente assim que podemos considerar a linguagem como detentora de uma função. Nascida entre aqueles animais ferozes que devem ter sido os homens primitivos – a julgar pelos homens modernos, isto não é inverossímil –, a senha é aquilo graças a que não se reconhecem os homens do grupo, mas o próprio grupo se constitui como tal.

Há outro registro em que podemos meditar sobre a função da linguagem, é o da linguagem estúpida do amor, que consiste, no último grau do espasmo do êxtase, ou, ao contrário, da rotina, segundo os indivíduos, em qualificar subitamente seu parceiro sexual pelo nome de um legume dos mais comuns ou de um animal dos mais repugnantes. Isso, certamente, não está longe de tocar a questão do horror do anonimato. Não à-toa que tais denominações de animais ou suportes mais ou menos totêmicos se encontrem na fobia. É que há entre ambos um ponto comum. O sujeito humano é especialmente exposto, veremos daqui a pouco, ao surgimento de uma vertigem, e, para afastá-la, ele experimenta a necessidade de fazer algo transcendente. Não é à-toa que isso está na origem da fobia.

Nesses dois exemplos, a linguagem é particularmente desprovida de significação. Vocês vêem melhor o que aí distingue o símbolo do signo, ou seja, a função inter-humana do símbolo. Eis algo que nasce com a linguagem, e que faz com que, depois que a palavra foi verdadeiramente fala pronunciada, os dois parceiros tornem-se diferentes do que eram antes. Eis para que serve a palavra, mostrei-lhes isso com os exemplos mais simples.

Vocês estariam errados em acreditar que não são exemplos particularmente plenos. Seja na senha, seja na palavra chamada amor, trata-se de algo que é de pleno alcance. Digamos que a conversa que, num momento mediano de sua carreira de estudante, você possa ter tido durante um jantar de patrões igualmente medianos, em que a significação das coisas que se trocam tem caráter equivalente ao das conversas fortuitas na rua e no ônibus – isso não é outra coisa que não, de certa forma, fazer-se reconhecer, o que justificaria Mallarmé ao dizer que a linguagem era comparável *a essa moeda apagada que se passa de mão em mão em silêncio.*

Vejamos, a partir disso, o que se estabelece quando o neurótico chega à experiência analítica.

É que ele também começa a dizer coisas. Ele diz coisas, e nessas coisas que ele diz, não há muito com que se espantar se, no começo, não são outra coisa senão essas falas de pouco peso às quais acabo de aludir. Contudo, algo é fundamentalmente diferente, é que ele não vem ao analista para dizer ninharias e banalidades. Desde então envolveu na situação algo que não é nada, já que, em suma, é seu próprio sentido que ele vem mais ou menos procurar. Algo paira misticamente sobre a pessoa daquele que o escuta.

Naturalmente, ele avança em direção a essa experiência, a essa via original, com, meu Deus, aquilo que tem à sua disposição. O que ele acredita, em primeiro lugar, é que deve bancar seu próprio médico, dando informações ao analista. Naturalmente, na experiência cotidiana de vocês, vocês o remetem ao lugar dele, dizendo que não é disso que se trata, mas de falar, e, de preferência, sem buscar por si mesmo colocar ordem, organização, isto é, colocar-se, segundo um narcisismo bem conhecido, no lugar de seu interlocutor.

Afinal de contas, a noção que temos do neurótico é que em seus próprios sintomas jaz uma fala amordaçada, em que se exprime certo número, digamos, de transgressões a determinada ordem, que, por si próprias, anunciam a ordem negativa na qual se inscreveram. Por não realizar a ordem do símbolo de forma viva, o sujeito realiza imagens desordenadas das quais elas são substitutas.

É isso que vai se interpor inicialmente em qualquer relação simbólica verdadeira.

O que o sujeito exprime inicialmente quando fala é esse registro que nós chamamos resistências, que não pode ser interpretado senão como uma realização *hic et nunc*, na situação e com o analista, da imagem ou das imagens da experiência precoce. É sobre isso, de fato, que toda a teoria da resistência foi edificada, mas somente depois do grande reconhecimento do valor simbólico do sintoma e de tudo o que pode ser analisado.

Ora, o que a experiência encontra é justamente outra coisa, diferente da realização do símbolo. É a tentação, pelo sujeito, de constituir *hic et nunc* na experiência analítica essa referência imaginária. É o que chamamos de tentativas do sujeito de fazer o analista entrar no seu jogo. É o que vemos, por exemplo, no caso do Homem dos Ratos, quando percebemos – rápida, mas não imediatamente, e Freud tampouco – que, ao contar sua história obsessiva, o grande caso clínico referente ao suplício dos ratos, há a tentativa do sujeito de realizar aqui e agora, e com Freud, essa espécie de relação sádicoanal imaginária que dá o sal da história. Freud percebe muito bem que se trata de alguma coisa que se traduz e se trai fisionomicamente, na face mesma do sujeito, e que ele qualifica como *o horror de um gozo ignorado*.

O momento em que se pôde avaliar, colocar como tais, os elementos da resistência ocorrida na experiência analítica é de fato significativo na história da análise. Podemos datar o momento em que se soube falar deles, de forma coerente, do artigo de Reich, um dos primeiros artigos a esse respeito publicados no *International Journal*, quando Freud revelava o segundo tempo na elaboração da teoria analítica, que não é outro senão o da teoria do eu.

Por essa época, em 1920, surge *das Es*. É quando começamos a perceber, no interior – convém sempre repetir – do registro da relação simbólica, que o sujeito resiste, e que essa resistência não é uma simples inércia oposta ao movimento terapêutico, como em física se pode dizer que a massa resiste a qualquer aceleração. Ela estabelece certo laço, que se opõe como tal, como ação humana, à do terapeuta, com a diferença de que o terapeuta não deve se enganar quanto a isso. Não é a ele, como realidade, que se opõem, é na medida em que em seu lugar é realizada certa imagem que o sujeito projeta sobre ele.

Na verdade, esses termos são apenas aproximativos.

É igualmente nesse momento que nasce a noção de instinto agressivo, e que se faz necessário acrescentar à libido o termo *destrudo*, não sem razão, pois, a partir do momento em que seu objetivo [...] as funções essenciais dessas relações imaginárias tais como aparecem sob forma de resistência, surge outro registro, ligado a nada menos que à função própria desempenhada pelo eu.

Não entrarei hoje na teoria do eu senão para lhes dizer que é preciso, em qualquer noção analítica coerente e organizada do eu, distinguir absolutamente a função imaginária do eu como unidade do sujeito alienado em relação a si mesmo. O eu é isso em que o sujeito só pode se reconhecer inicialmente alienando-se. Ele não pode então se reencontrar senão abolindo o *alter ego* do eu. Aí se desenvolve a dimensão, bem distinta da agressão, que passa a se chamar então agressividade.

Devemos agora retomar a questão nesses dois registros, questão da fala e questão do imaginário.

A fala, como lhes mostrei de forma abreviada, desempenha o papel essencial de mediação. A partir do momento em que foi realizada, a mediação muda os dois parceiros em presença. Isso nada tem que não nos tenha sido dado até mesmo no registro semântico de certos grupos humanos. Leiam a esse propósito o livro de Leenhardt, *Do Kamo*.

Não é um livro que mereça todas as recomendações, mas é bastante expressivo e particularmente manejável. É excelente como introdução para aqueles que precisam ser introduzidos. Nele vocês verão que, entre os Canaque, produz-se algo de bastante particular no plano semântico, isto é, que a palavra "fala" significa algo que vai bem mais longe que o que assim chamamos. É também uma ação. E, por sinal, para nós também, a palavra dada é igualmente uma forma de ato. Mas é também às vezes um objeto, ou seja, alguma coisa que se carrega, um feixe. É qualquer coisa. Mas, a partir daí, algo que não existia antes passa a existir.

Convém fazer também outra observação. Essa fala mediadora não é pura e simplesmente mediadora nesse plano elementar. Ela permite, entre dois homens, transcender a relação agressiva fundamental com a miragem do semelhante. É preciso que ela seja ainda coisa bem diferente disso, pois, se refletimos, vemos que não apenas ela constitui essa mediação, como também a própria realidade.

Isso fica totalmente evidente se vocês considerarem o que denominamos estrutura elementar, isto é, arcaica, do parentesco. Elementares, as estruturas do parentesco nem sempre o são. As nossas, por exemplo, são especialmente complexas, mas, na verdade, não existiriam sem o sistema das palavras que as exprimem, e o fato é que os interditos que regulam em nós a troca humana das alianças, no sentido próprio da palavra, limitam-se a um número excessivamente restrito. Por conseguinte, tendemos a confundir termos como pai, mãe, filho etc. com relações reais. É porque o sistema das relações de parentesco reduziu-se extremamente, em seus limites e em seu campo. Mas trata-se de símbolos.

Masserman fez, sobre isso no *International Journal of Psychoanalysis* de 1944, um artigo muito bonito intitulado "Language, behavior and dynamic psychiatry". Um dos exemplos que ele dá mostra suficientemente a fraqueza do ponto de vista behaviorista. Ele acredita resolver a questão da simbólica da linguagem dando o exemplo do condicionamento. Teriam conseguido produzir regularmente a reação de contração da pupila à luz, ao mesmo tempo em que soava uma campainha. Em seguida, suprime-se a excitação à luz, e a pupila se contrai quando se agita a campainha. Acaba-se por obter a contração da pupila pela simples audição da palavra "*contract*". Acreditam assim ter resolvido a questão da linguagem e da simbolização? Mas se, em lugar de "*contract*", tivessem dito outra coisa, poder-se-ia ter obtido exatamente o mesmo resultado. Aquilo de que se trata não é o condicionamento de um fenômeno. Aquilo de que se trata nos sintomas é da relação do sistema integral da linguagem, sistema das significações das relações inter-humanas como tais.

A análise recorta muito exatamente essas observações, mostrando-nos até no detalhe seu alcance e presença. A ponta do que acabo de lhes dizer é de fato esta – toda relação analisável, isto é, interpretável simbolicamente, está sempre inscrita em uma relação a três.

Já vimos isso na própria estrutura da fala: o que é realizável libidinalmente entre este e aquele sujeito exige mediação. É o que dá seu valor a esse fato, afirmado pela doutrina e demonstrado pela experiência, de que nada se interpreta finalmente – pois é disso que se trata – senão por intermédio da realização edipiana. Isso quer dizer que toda relação a dois é sempre mais ou menos marcada pelo estilo do imaginário. Para que uma relação assuma seu valor simbólico é preciso haver a mediação de um terceiro personagem que realize, em relação ao sujeito, o elemento transcendente graças ao qual sua relação com o objeto pode ser sustentada a certa distância.

Entre a relação imaginária e a relação simbólica, há toda a distância que há na culpa. É por isso, como a experiência mostra a vocês, que a culpa é sempre preferida à angústia.

Sabemos que, pelos progressos da doutrina e da teoria de Freud, a angústia está sempre ligada a uma perda, isto é, a uma transformação do eu, isto é, a uma relação a dois a ponto de se esvair e à qual deve suceder outra coisa, que o sujeito não pode abordar sem certa vertigem. É isso que é o registro e a natureza da angústia. A partir do momento em que se introduz o terceiro, que ele entra na relação narcísica, abre-se a possibilidade de uma mediação real por intermédio essencialmente do personagem que, em relação ao sujeito, representa um personagem transcendente, em outras palavras uma imagem de domínio por meio da qual seu desejo e sua realização podem se dar simbolicamente. Nesse momento, intervém outro registro, que é ou o da lei, ou o da culpa, segundo o registro em que ele é vivido.

3

Vocês percebem que abrevio um pouco. Acredito, porém, não desorientá-los demais, já que são coisas que repeti diversas vezes em nossas reuniões.

Gostaria ainda de assinalar um ponto importante referente ao registro do simbólico.

Quando se trata do simbólico como aquilo em que o sujeito se engaja em uma relação propriamente humana, quando se trata de um engajamento do sujeito exprimido no registro do eu, por um *eu quero* ou *eu te amo*, há sempre algo de problemático. O elemento temporal é muito importante de se considerar, estabelecendo todo um registro de problemas que devem ser tratados paralelamente à questão da relação do simbólico e do imaginário. A questão da constituição temporal da ação humana é inseparável da primeira. Ainda que eu não possa abordá-la em sua amplitude esta noite, convém ao menos indicar que nós a encontramos incessantemente na análise, e da forma mais concreta. Aí também, para compreendê-la, é preciso partir de uma noção estrutural e, se podemos dizer, existencial da significação do símbolo.

Um dos pontos que parece dos mais estabelecidos da teoria analítica é o do automatismo, do pretenso automatismo de repetição, cujo primeiro exemplo foi tão bem mostrado por Freud em *Mais além do princípio de prazer*. Vê-se como age a primeira mestria: a criança abole seu brinquedo, pelo desaparecimento. Essa repetição primitiva, essa escansão temporal, faz com que a identidade do objeto seja mantida na presença e na ausência.

Temos com isso o alcance exato, a significação do símbolo na medida em que ele se refere ao objeto, isto é, ao que denominamos conceito. Ora, encontramos ali ilustrado algo que parece bem obscuro quando o lemos em Hegel, isto é, que o conceito é o tempo. Seria preciso uma conferência de uma hora para fazer a demonstração de que o conceito é o tempo. Coisa curiosa, o sr. Hyppolite, em sua tradução da *Fenomenologia do espírito*, contentou-se em colocar uma nota dizendo que esse era um dos pontos mais obscuros da teoria de Hegel. Porém, graças ao exemplo de Freud, vocês podem perceber essa coisa simples que consiste em dizer que o símbolo do objeto é justamente o objeto-aí. Quando ele não está mais aí, é o objeto encarnado em sua duração, separado de si próprio e que, por isso mesmo, pode estar de certa forma sempre presente para você, sempre ali, sempre à sua disposição. Encontramos aqui a relação que há entre o símbolo e o fato de que tudo o que é humano é conservado como tal. Quanto mais humano, mais preservado do lado movediço e descompensante do processo natural. O homem faz subsistir em uma certa permanência tudo o que durou como humano, e, antes de tudo, ele próprio.

Examinemos um exemplo. Se eu quisesse tomar a questão do símbolo por outro lado, ao invés de partir da palavra, da fala ou do pequeno feixe, eu partiria da lápide sobre o túmulo do chefe, ou sobre o túmulo de qualquer um. O que caracteriza a espécie humana é justamente cercar o cadáver de algo que constitua uma sepultura, de sustentar o fato de que isso durou. A lápide ou qualquer outro sinal de sepultura merece exatamente o nome de "símbolo". É algo humanizante. Chamo "símbolo" tudo o que tentei mostrar com a fenomenologia.

Se assinalo isso para vocês, não é evidentemente sem razão. Com efeito, a teoria de Freud teve de se impulsionar até a noção de instinto de morte por ela valorizada. Todos aqueles que, na seqüência, enfatizaram exclusivamente o elemento resistência, isto é, o elemento ação imaginária durante a experiência analítica, anulando mais ou menos a função simbólica da linguagem, são os mesmos para quem o instinto de morte é uma noção sem razão de ser.

Realizar, no sentido próprio da palavra, reconduzir a um certo real a imagem, tendo nela incluído, naturalmente, um signo particular desse real como função essencial, reconduzir ao real a expressão analítica, é sempre correlato, naqueles que a desenvolvem sob esse registro porque dispõem apenas dele, da colocação entre parênteses, até mesmo da exclusão, do que Freud estabeleceu sob o comando do instinto de morte e que chamou, mais ou menos, de automatismo de repetição.

Reich nos dá um exemplo característico disso. Para ele, tudo o que o paciente conta é *flatus vocis*, é a forma pela qual o instinto manifesta sua armadura. Ponto que é significativo, importantíssimo, mas como um tempo da experiência. É na medida em que toda a experiência como simbólica é colocada entre parênteses que o instinto de morte é, ele próprio, excluído.

Evidentemente, esse elemento da morte não se manifesta apenas no plano do símbolo. Manifesta-se também no registro narcísico. Mas então é de outra coisa que se trata. A morte no registro narcísico está bem mais perto desse elemento de nadificação final ligado a toda espécie de deslocamento e sobre o qual se pode conceber, como já indiquei, que é a origem, a fonte da possibilidade de transação simbólica do real. Mas é também algo que tem menos relação com o elemento duração, com a projeção temporal, com o futuro como termo essencial ao comportamento simbólico como tal.

Como vêem, sou forçado a ir um pouco mais rápido. Há muitas coisas a dizer sobre tudo isso. A análise de noções tão diferentes quanto aquelas que correspondem aos termos resistência, resistência de transferência, transferência como tal, a distinção entre o que é preciso chamar propriamente de transferência e o que é preciso deixar à resistência, tudo isso pode muito facilmente se inscrever em relação às noções fundamentais do simbólico e do imaginário.

Gostaria simplesmente, para terminar, de ilustrar minha afirmação. É preciso sempre apresentar uma pequena ilustração para o que se conta. Isso nada mais é do que uma aproximação em relação a elementos de formalização que desenvolvi bem mais adiante com os alunos no seminário, por exemplo no *Homem dos Ratos*. Pode-se chegar a formalizar completamente com a ajuda de elementos como os que vou lhes indicar. Isso lhes mostrará o que quero dizer.

Eis como uma análise poderia, muito esquematicamente, ser inscrita desde seu início até o fim.

$$rS - rI - iR - iS - sS -$$
$$SI - SR - rR - rS,$$

ou seja, realizar o símbolo.

rS: é a posição de partida. O analista é um personagem simbólico como tal, e é a esse título que vocês vêm procurá-lo, na medida em que ele é ao mesmo tempo o símbolo por si mesmo da onipotência, na medida em que ele próprio já é uma autoridade, o mestre. É nessa perspectiva que o sujeito vem encontrá-lo e que assume certa postura, que é aproximadamente esta: *É o senhor que tem minha verdade*. Essa postura é completamente ilusória, mas é a postura típica.

rI: depois, temos a realização da imagem, isto é, a instauração mais ou menos narcísica na qual o sujeito entra em certa conduta que é justamente analisada como resistência. Isto, em razão de quê? De uma certa relação *iI*,

$$\frac{\text{IMAGINAÇÃO}}{\text{IMAGEM}}$$

iI: é a captação da imagem, que é essencialmente constitutiva de qualquer realização imaginária enquanto a consideramos como instintiva. Essa realização da imagem faz com que o peixe-espinho fêmea seja cativado pelas mesmas cores que o peixe-espinho macho e que eles entrem progressivamente em uma certa dança que os leva vocês sabem aonde. O que a constitui na experiência analítica? Coloco isso, por ora, dentro de um círculo. Ver adiante.

Depois disso temos *iR*, onde *I* é transformado em *R*. É a fase de resistência, de transferência negativa, ou mesmo, no limite, de delírio, que existe na análise. Alguns analistas tendem cada vez mais a realizá-la. *A análise é um delírio bem organizado*, foi uma fórmula que ouvi da boca de um de meus mestres. É parcial, mas não inexata.

Depois, o que acontece? Se o desfecho for bom, se o sujeito não tiver todas as disposições para ser psicótico, caso em que permanece no estágio *iR*, ele passa a *iS*, a imaginação do símbolo. Ele imagina o símbolo. Temos na análise mil exemplos da imaginação do símbolo, por exemplo o sonho. O sonho é uma imagem simbolizada.

Aqui intervém *sS*, que permite a inversão. É a simbolização da imagem, em outros termos o que se denomina interpretação. Ela é atingida unicamente depois da travessia da fase imaginária que engloba aproximadamente *rI* – *iI* – *iR* – *iS*. Começa então a elucidação do sintoma pela interpretação, *sS* – *SI*.

Em seguida, temos *SR*, que é, em suma, o objetivo de toda saúde. Não se trata, como se acredita, de se adaptar a um real mais ou menos bem definido ou bem organizado, mas de fazer reconhecer sua própria realidade, em outras palavras, seu próprio desejo. Como já apontei muitas vezes, é fazê-lo reconhecer por seus semelhantes, quer dizer, simbolizá-lo.

Nesse momento, encontramos *rR*, o que nos permite chegar no final ao *rS*, ou seja, precisamente àquilo do qual partimos.

Não pode ser de outra forma, pois se o analista é humanamente válido, isso não pode ser senão circular. E uma análise pode compreender diversas vezes esse ciclo.

iS é a parte própria da análise. É o que se chama erroneamente de comunicação dos inconscientes. O analista deve ser capaz de compreender o jogo que seu sujeito joga. Deve compreender que ele próprio é o peixe-espinho macho ou fêmea, segundo a dança conduzida por seu sujeito.

O *sS* é a simbolização do símbolo. É o analista quem deve fazer isso. Não há dificuldade – ele próprio já é um símbolo. É preferível que o faça com plenitude, cultura e inteligência. Daí ser preferível e necessário que o analista tenha uma formação tão completa quanto possível na ordem cultural. Quanto mais vocês souberem, mais isso valerá. Isso, *sS*, só deve intervir depois de atravessada certa etapa.

O sujeito forma sempre, mais ou menos, uma certa unidade, mais ou menos sucessiva, cujo elemento essencial constitui-se na transferência. E o analista vem a simbolizar o supereu, que é o símbolo dos símbolos. O supereu é simplesmente uma fala que nada diz. O analista não tem precisamente dificuldade alguma em simbolizá-la. É precisamente o que ele faz.

O *rR* é seu trabalho, impropriamente designado pela famosa expressão "neutralidade benevolente", da qual se fala a torto e a direito, e que quer simplesmente dizer que, para um analista, todas as realidades são, em suma, equivalentes, que todas são realidades. Isso parte da idéia de que tudo o que é real é racional, e vice-versa. E é o que deve lhe dar essa benevolência, contra a qual vem se chocar a transferência negativa, e que lhe permite conduzir a análise a um porto seguro.

Tudo isso foi dito algo apressadamente. Eu poderia ter-lhes falado de muitas outras coisas. Mas não era senão uma introdução, um prefácio ao que tentarei tratar mais completa e concretamente no relatório que espero fazer em breve para vocês, em Roma, sobre o tema da linguagem na psicanálise.

DISCUSSÃO

O professor Lagache agradece ao conferencista e abre a discussão. A sra. Marcus-Blajan indica não ter compreendido certas palavras, por exemplo "transcendente". O que o orador disse sobre a angústia e a culpa a faz pensar na agorafobia.

JL: A angústia está ligada à relação narcísica, a sra. Blajan dá uma bela ilustração disso pela agorafobia, pois não há fenômeno mais narcísico. Todas as vezes em que comentei um caso no meu seminário, nunca deixei de mostrar os diferentes tempos de reação do sujeito. Sempre que se produz um fenômeno em dois tempos, na obsessão por exemplo, o primeiro tempo é a angústia, e o segundo é a culpa, que aplaca a angústia no registro da culpabilidade.

A palavra "transcendente" lhe pareceu obscura. Não é, entretanto, uma palavra muito metafísica, sequer metapsicológica. Vou tratar de ilustrá-la. O que isso quer dizer na ocasião precisa em que a empreguei?

Na relação com seu semelhante, na relação a dois, na relação narcísica, há sempre para o sujeito algo esvanecido. Ele sente que é o outro, e o outro é ele. Esse sujeito definido reciprocamente é um dos tempos essenciais da constituição do sujeito humano. É um tempo em que ele não pode subsistir, ainda que sua natureza esteja sempre a ponto de aparecer, e precisamente em certas estruturas neuróticas. Ali onde a imagem especular é aplicada ao máximo, o sujeito não passa do reflexo de si mesmo.

Daí sua necessidade de constituir um ponto que constitua o que é transcendente. É justamente o outro como outro.

Podemos tomar mil exemplos. Retomemos o da fobia, o fato de que seja a uma angústia semelhante que corresponde o fato de subsistir no parceiro humano algo tão estranho, tão dissociado da imagem humana que é a imagem animal. Com efeito, independentemente do que possamos pensar da origem da história real do totemismo, pois nem tudo isso é transparente a despeito dos trabalhos que lhe foram consagrados, uma coisa é bem certa: é que ele está, em todo caso, ligado à interpretação do canibalismo, ou seja, não se pode comer o outro. O modo de relação humana mais primitivo é certamente a absorção da substância de seu semelhante. Nesse ponto, vocês vêem efetivamente qual é a função do totemismo: é fazer um sujeito transcendente ao semelhante. Não creio que o dr. Gessain vá me contradizer.

Encontramos aqui um dos pontos que lhes interessam mais, a relação entre crianças e adultos. Para a criança, os adultos são transcendentes na medida em que são iniciados. O mais curioso é que as crianças não são menos transcendentes para os adultos. Por um sistema de reflexão característico de toda relação, a criança torna-se objeto de todos os mistérios para os adultos. Eis a sede dessa confusão das línguas entre crianças e adultos que devemos levar em conta quando se trata de intervenção com crianças.

Haveria outros exemplos a considerar, em particular no que constitui a relação edipiana de tipo sexual, que é alguma coisa do sujeito e ao mesmo tempo o ultrapassa. Vemos aí a constituição de uma forma a certa distância.

Serge Leclaire: O senhor falou do simbólico, do imaginário. Mas havia o real, sobre o qual não falou.

JL: Mesmo assim, falei um pouco. O real é ou a totalidade ou o instante esvanecido. Na experiência analítica, para o sujeito, é sempre o choque com alguma coisa, por exemplo, com o silêncio do analista.

Produz-se através do diálogo analítico algo completamente surpreendente sobre o qual não pude insistir. É um fato da experiência analítica que valeria, por si só, muito mais que uma comunicação. Tomo um exemplo totalmente concreto, o dos sonhos, sobre os quais não sei mais se disse que são compostos como uma linguagem. Na análise, eles servem de linguagem. Um sonho no meio ou no fim da análise é uma parte do diálogo com o analista. Pois bem, como se dá que esses sonhos, e muitas outras coisas mais, a forma como o sujeito constitui seus símbolos, carreguem a marca absolutamente cativante da realidade do analista, ou seja, da pessoa do analista tal como constituída em seu ser? Como se dá que, através dessa experiência imaginária e simbólica, desemboquemos, em sua última fase, em um conhecimento limitado, mas impressionante, da estrutura do analista? Isso, por si só, coloca um problema que não pude abordar esta noite.

Dr. Georges Mauco: Pergunto-me se não devemos lembrar os diferentes tipos de símbolos.

JL: O símbolo é primordialmente um emblema.

Dr. Georges Mauco: O símbolo é algo vivido. Por exemplo, a casa, experimentada a princípio por meio de um símbolo, é em seguida elaborada coletivamente, disciplinada coletivamente. Ele evoca sempre a palavra "casa".

JL: Permita-me dizer-lhe que não sou absolutamente dessa opinião. Jones fez um pequeno catálogo dos símbolos que encontramos nas raízes da experiência analítica, que constituem os sintomas, a relação edipiana etc., demonstrando que se trata sempre essencialmente de temas conexos às relações de parentesco, à autoridade do mestre, e ao que concerne à vida e à morte. Tudo aquilo de que se trata aí são evidentemente símbolos. São precisamente elementos que não têm absolutamente nada a ver com a realidade. Um ser completamente engaiolado na realidade, como o animal, não tem nenhuma idéia disso.

Trata-se justamente dos pontos em que o símbolo constitui a realidade humana, em que ele cria essa dimensão humana sobre a qual Freud insiste a toda hora quando diz que o neurótico obsessivo vive sempre no registro do que comporta o máximo dos elementos de incerteza: a duração da vida, a paternidade etc. Tudo isso não tem evidência sensível na realidade humana. É construído, e construído primitivamente, por certas relações simbólicas que podem em seguida encontrar sua confirmação na realidade. O pai é de fato o genitor. Mas, antes que o saibamos de fonte segura, o nome do pai cria a função do pai.

Creio, portanto, que o símbolo não é uma elaboração da sensação, nem da realidade. O que é propriamente simbólico – e os símbolos mais primitivos – introduz na realidade humana uma outra coisa, que constitui todos os objetos primitivos de verdade.

O que é notável é que os símbolos, os símbolos simbolizantes, são todos desse registro. A criação dos símbolos realiza a introdução de uma realidade nova na realidade animal.

Dr. Georges Mauco: ... mas sublimada e elaborada. Isso gera o embasamento da linguagem posterior.

JL: Quanto a isso, totalmente de acordo. Por exemplo, para designar as relações, os próprios lógicos recorrem muito naturalmente ao termo "parentesco". Esse é o primeiro modelo de uma relação transitiva.

Octave Mannoni: A passagem da angústia para a culpa parece ligada à situação analítica. A angústia pode levar à vergonha, não à culpa. Quando a angústia não evoca a idéia de um punidor, mas de um afastamento, é a vergonha que surge. A angústia também pode se traduzir não em culpa, mas em dúvida. Parece-me que é porque o analista está ali que a angústia se transforma em culpa.

JL: Totalmente de acordo. É uma situação privilegiada na experiência analítica que faz com o que analista detenha a fala, que julgue, porque a análise se orienta inteiramente num sentido simbólico, porque o analista a substituiu pelo que faltou, porque o pai não passou de um supereu, isto é, uma lei sem fala, na medida em que isso é constitutivo da neurose, em que a neurose é definida pela transferência. Todas essas definições são equivalentes. Há, com efeito, infinitas direções para a reação da angústia, e não está excluído que algumas dessas reações surjam na análise. Cada uma merece ser analisada como tal.

Já a questão da dúvida está bem mais próxima da constituição simbólica da realidade. Ela é, aí, de certo modo, prévia. Se há uma posição que possamos qualificar essencialmente, no sentido em que a entendo, de subjetiva, isto é, que é ela que constitui toda a situação, é de fato esta. Quando e como é realizada? É um desenvolvimento à parte.

Wladimir Granoff faz uma pergunta sobre o fetichismo.

JL: É verdade, não voltei ao fetichismo. O fetiche é uma transposição do imaginário. Ele se torna um símbolo.

Pergunta do dr. Pidoux.

JL: O símbolo intervém no menor *acting-out*.

Didier Anzieu: Quando Freud criou a teoria clínica, tomou de empréstimo modelos das teorias de sua época. Gostaria de saber se esses modelos são do registro do símbolo ou do imaginário, e que origem lhes atribuir. Quanto ao esboço de esquema que o senhor propôs hoje, trata-se de uma mudança de modelo, adaptado à evolução cultural, que permite pensar os dados clínicos, ou outra coisa?

JL: Ele é mais adaptado à natureza das coisas, se considerarmos que tudo do que se trata na análise é da ordem da linguagem, ou seja, no final das contas, de uma lógica. É o que justifica essa formalização, que intervém como uma hipótese.

Quanto ao que o senhor diz sobre Freud, sobre o tema da transferência, não concordo que ele tenha se inspirado em modelos atomísticos, associacionistas, até mesmo mecanicistas, do estilo de sua época. O que me parece impressionante é a audácia com que ele admitiu, como modo de não repudiar, no registro da transferência, o amor, pura e simplesmente. Ele não considera em absoluto que isso seja uma impossibilidade, um impasse, algo que saia dos limites. Ele viu muito bem que a transferência é a própria realização da relação humana sob sua forma mais elevada, a realização do símbolo, que está ali desde o início, e que está igualmente no final de tudo isso.

O começo e o fim são sempre a transferência. No início, em potência, proporcionada pelo fato de que o sujeito vem, a transferência está ali, prestes a se constituir. Está ali desde o início.

Que Freud tenha introduzido aí o amor é algo que deve nos mostrar a que ponto ele dava às relações simbólicas seu alcance no plano humano. Com efeito, se devemos dar um sentido a esse algo limítrofe sobre o qual mal podemos falar que é o amor, é este – a conjunção total da realidade e do símbolo, que fazem uma única e mesma coisa.

Françoise Dolto: Você diz realidade e símbolo. O que entende por realidade?

JL: Um exemplo. A encarnação do amor é o dom do filho, que, para um ser humano, tem esse valor de algo mais real.

Françoise Dolto: Quando o filho nasce, ele é simbólico do dom. Mas pode haver também dom sem filho. Logo, pode haver fala sem linguagem.

JL: Justamente, estou pronto a dizê-lo a todo momento: o símbolo ultrapassa a fala.

Françoise Dolto: Chegamos sempre a: o que é o real? E escapamos dele o tempo todo. E há também outra maneira de apreender a realidade psicanalítica sem ser esta, que, para minha psicologia, parece muito extrema. Mas você é um mestre tão extraordinário que podemos acompanhá-lo mesmo só o compreendendo depois.

A apreensão sensorial é um registro da realidade, e ela tem bases que me parecem mais seguras, prévias à linguagem. Se não há imagem do corpo próprio, tudo se passa para o adulto com a expressão verbal do imaginário. Desde que o outro tenha ouvidos, não se pode falar.

JL: Você pensa muito nisso, no fato de que o outro tem ouvidos?

Françoise Dolto: Eu não, as crianças. Se falo, é porque sei que há ouvidos. Não falaria sobre isso antes da idade edipiana. Fala-se mesmo quando não há ouvidos. Porém, depois da idade edipiana, não se pode falar se não houver ouvidos.

JL: O que quer dizer com isso?

Françoise Dolto: Para falar, é preciso ter boca e ouvidos. Logo, resta uma boca.

JL: É o imaginário.

Françoise Dolto: Tive ontem um exemplo, com uma criança muda que desenhava olhos sem orelhas. Como é muda, disse-lhe: *Não espanta que este aí não possa falar, já que não tem boca.* Ela tentou colocar uma boca com um lápis. Mas colocou-a no lugar que cortava o pescoço da criança. Esta perderia a cabeça se falasse, perderia a inteligência, perderia a noção de um corpo vertical. Para falar, é preciso a certeza de que haja uma boca, e de que haja ouvidos.

JL: Sim, concordo. Mas os fatos interessantíssimos por você valorizados estão absolutamente ligados a algo deixado completamente de lado, a constituição da imagem do corpo como *Urbild* do eu, e com esse talho ambíguo, o corpo despedaçado. Não vejo aonde você quer chegar.

Françoise Dolto: A linguagem é apenas uma das imagens. É apenas uma das manifestações do ato de amor, uma das manifestações em que o ser, no ato de amor, é despedaçado. Não somos completos, uma vez que devemos nos completar quando necessitamos da fala. Ele não sabe o que diz, é o outro, se o escutar. O que passa pela linguagem pode passar por muitos outros meios.

Octave Mannoni: Uma observação. Os desenhos não são imagens, mas objetos. O problema é saber se a imagem é símbolo ou realidade. Isso é extremamente difícil.

JL: Um dos modos mais acessíveis pelos quais, ao menos na fenomenologia da intenção, o imaginário é abordado é tudo o que é reprodução artificial.

Introdução aos Nomes-do-Pai

Não tenho a intenção de me dedicar a nenhum jogo semelhante a um passe de mágica. Não vou esperar o fim deste seminário para lhes dizer que este seminário é o último que farei.

Ao mesmo tempo isso não será uma surpresa para alguns, informados sobre o que está acontecendo. É para os outros, em respeito à sua presença, que faço esta declaração.

Peço que mantenham silêncio absoluto durante esta sessão.

Até um certo momento – que foi a noite passada, bem tarde, quando determinada notícia chegou a mim –, acreditei que lhes proporcionaria este ano o que vinha lhes proporcionando há dez anos.

Meu seminário de hoje estava preparado com o mesmo cuidado que a cada semana dispenso a ele. Julgo nada poder fazer de melhor do que apresentá-lo tal e qual, desculpando-me por ele provavelmente não ter continuidade.

1

Anunciei que este ano falaria dos Nomes-do-Pai.

Não me será possível fazer-lhes entender, ao longo desta primeira exposição, por que este plural. Pelo menos verão abrir-se o que eu pretendia introduzir como progresso em uma noção que esbocei a partir do terceiro ano do meu seminário, quando tratei do caso Schreber e da função de Nome-do-Pai.

Uma vez que hoje está decidido que ficarei por aqui, serei talvez mais cuidadoso do que jamais o fui ao assinalar, no meu ensino passado, as balizas nas quais vocês poderão fundar os delineamentos do meu Seminário deste ano. Gostaria este ano de amarrar para vocês os seminários dos dias 15, 22, 29 e 5 de fevereiro de 1958, referentes ao que chamei de metáfora paterna, os meus seminários de 20 de dezembro de 1961 e os que se seguem, referentes à função do nome próprio, os seminários de maio de 1960 referentes ao que, do drama do pai está implicado na trilogia claudeliana e, finalmente, o seminário de 20 de dezembro de 1961, seguido pelos seminários de janeiro de 1962, referentes ao nome próprio.

O fato de remeter a meus seminários passados aqueles que queiram tentar ver em que direção eu pretendia prosseguir meu discurso mostra-lhes que há uma direção já muito avançada em sua estruturação, que poderia ter me permitido dar este ano o passo seguinte.

Esse passo seguinte encadeia-se ao meu seminário sobre a angústia. Eis por que eu tinha a intenção – e vou manter minha afirmação – de lhes mostrar em que era necessário que fosse desenhado o relevo que meu ensino introduziu no ano passado.

Durante aquele seminário, pude dar todo o peso a fórmulas tais como "a angústia é um afeto do sujeito". Não enunciei esta fórmula sem ordená-la às funções que alicercei longamente na estrutura, especialmente na do sujeito, definido como o sujeito que fala, se funda e determina em um efeito do significante.

Em que tempo – se é que posso dizer "tempo", admitam que esse termo infernal só se refere no momento ao nível sincrônico –, em que tempo esse sujeito é afetado pela angústia? Na angústia, como lhes disse, o sujeito é afetado pelo desejo do Outro, *d(A)* aqui no quadro. É por isso afetado de maneira imediata, não dialetizável. É nisso que a angústia é, no afeto do sujeito, o que não engana.

Vocês vêem desenhar-se neste *o que não engana* em que nível radical, mais radical que tudo o que foi derivado no discurso de Freud, inscreve-se a função de sinal da angústia. Não há meio de situar essa função de sinal a não ser nesse nível. Esse balizamento conforma-se às primeiras formulações que Freud fez sobre a angústia, transformação direta da libido e outras. Foi somente colocando-as assim que elas permaneceram ainda compreensíveis. O próprio Freud percebeu isso o suficiente para mantê-las depois de *Inibição, sintoma e angústia*.

Por outro lado, opus-me à tradição psicologizante que distingue o medo da angústia a partir de seus correlatos, especialmente seus correlatos de realidade, e as atuações às quais ela induz. Mudei aqui as coisas, dizendo sobre a angústia: *ela não é sem objeto*.

O que é o objeto *a*, cujas formas fundamentais, tão longe quanto pude levá-lo, lhes apresentei? O objeto *a* é o que caiu, do sujeito, na angústia. É o mesmo objeto que eu desenhava como *a causa do desejo*.

A angústia que não engana é substituída, para o sujeito, pelo que deve ser operado por meio do objeto *a*. É a isso que está suspensa a função do ato. O desenvolvimento dessa função estava reservado ao futuro. No entanto, garanto-lhes, vocês não o perderão completamente, uma vez que desde já o incluí na parte escrita de um livro que prometi para daqui a seis meses.

Ano passado ative-me à função do pequeno *a* na fantasia. Ele assume nela a função de ser o suporte do desejo, na medida em que o desejo é o mais intensivo do que é dado ao sujeito atingir no nível da consciência, em sua realização de sujeito. É por essa cadeia que mais uma vez se afirmam as dependências do desejo em relação ao desejo do Outro.

Fico tentado, no momento de deixá-los, a lembrar-lhes o caráter radical, totalmente reestruturante, das concepções que lhes trago, tanto do sujeito como do objeto.

Desvencilhamo-nos há muito tempo, claro, de qualquer concepção que fizesse do sujeito uma pura função da inteligência correlativa ao inteligível, tal como o *noûs* arcaico. A angústia mostra-se já aqui crucial. Não que ela não esteja em Aristóteles, a *agonia*, mas só poderia se tratar para a tradição antiga de um *pathos* local que se apazigua na impassibilidade do Todo. Resta algo da concepção antiga até no que parece estar mais longe dela: no pensamento positivista, no qual se funda e, ainda hoje vive, a ciência dita psicológica.

Há seguramente algum fundamento na correspondência entre a inteligência e o inteligível. A psicologia pode nos mostrar que a inteligência humana não é diferente, em seu fundamento, da inteligência animal, e isto não sem razão. Desse inteligível, suposto no dado e no fato, podemos deduzir o progresso da inteligência ou sua adaptação no curso da evolução, até mesmo imaginar formalmente que esse progresso reproduz-se em todos os indivíduos. Tudo está e é aí, exceto uma hipótese que sequer foi percebida pelo pensamento positivista, justamente que o fato seja inteligível.

Na perspectiva positivista, a inteligência não passa de um afeto entre outros, fundado na hipótese da inteligibilidade. Isso justifica essa psicologia de cartomante, que pode ser desenvolvida em lugares aparentemente os mais isentos, do alto das cátedras universitárias. O afeto, ao contrário, não é senão inteligência obscura.

O que escapa a quem recebe esse ensino é o efeito de obscurantismo que ele sofre por isso. Sabemos aonde esse efeito desemboca – nos empreendimentos cada vez mais intencionais de uma tecnocracia, na padronização psicológica dos sujeitos desajustados no trabalho, no ingresso nos quadros da sociedade existente, na cabeça curvada sob a norma do psicólogo.

Digo que o sentido da descoberta de Freud é uma oposição radical a isso.

Isto é para fazê-los perceber sentir que os primeiros passos do meu ensino caminharam nas vias da dialética hegeliana. Era uma etapa necessária para investir contra o mundo dito da positividade.

A dialética hegeliana, quando a avaliamos, reduz-se essencialmente a raízes lógicas, como o próprio Hegel mostrou, e precisamente ao déficit intrínseco da lógica da predicação. Isso quer dizer que o universal, completamente examinado – e isso não escapou ao logicismo contemporâneo –, não se funda senão pela agregação, ao passo que o particular, único a encontrar existência nisso, aparece aí como contingente. Toda a dialética hegeliana é feita para preencher essa falha e mostrar, numa prestigiosa transmutação, como o universal pode chegar a se particularizar pela via da escansão da *Aufhebung*.

Contudo, sejam quais forem os prestígios da dialética hegeliana – sejam quais forem seus efeitos, *via* Marx, por meio do qual ela entrou no mundo, consumando assim aquilo que em Hegel era a significação, a saber, a subversão de uma ordem política e social fundada na *Ecclesia*, a Igreja –, seja qual for aqui o seu sucesso –, seja qual for o valor do que ela sustenta nas incidências políticas de sua realização, a dialética hegeliana é falsa. É contradita tanto pela atestação das ciências da natureza quanto pelo progresso histórico da ciência fundamental, ou seja, a matemática.

Como também logo percebeu o contemporâneo do desenvolvimento do sistema de Hegel, que era então nem mais nem menos o Sistema, como viu, cantou, marcou Kierkegaard, a angústia aqui é o signo ou a testemunha de uma hiância existencial – cujo esclarecimento atesto ser dado pela doutrina freudiana.

A estrutura da relação da angústia com o desejo, a dupla hiância do sujeito ao objeto dele caído, onde, para além da angústia, ele deve encontrar seu instrumento, a função inicial desse objeto perdido sobre o qual Freud insiste, eis a falha que não nos permite tratar do desejo na imanência lógica exclusiva da violência como dimensão a forçar os impasses da lógica.

Freud nos leva aí ao coração daquilo sobre o qual se funda o que para ele era a ilusão. Ele o chamava segundo o modo de seu tempo, que é o de um álibi, de religião. Já eu o chamo de Igreja.

Freud projeta-se com as luzes da razão sobre o próprio campo pelo qual, contra a revolução hegeliana, a Igreja mantém-se intacta, e com todo o brilho que vocês nela vêem.

É no fundamento mesmo da tradição eclesiástica que ele nos permite traçar a clivagem de um caminho que vá além, infinitamente mais profundo, mais estrutural, que a baliza que ele colocou sob a forma do mito do assassinato do pai.

E é aí, nesse terreno movediço, não raro escabroso, que eu gostaria de avançar este ano, não sem me gabar de ter em meu auditório ouvidos dignos de ouvi-lo: estou falando dos representantes da ordem eclesiástica.

No que se refere ao pai – ao Pai deles, os Padres da Igreja –, permitam-me dizer-lhes que não os achei suficientes.

Alguns sabem que pratico a leitura de santo Agostinho desde a idade pubertária. Foi tardiamente, no entanto, há apenas cerca de dez anos, que tomei conhecimento do *De trinitate* e o reabri esses dias para simplesmente me surpreender como Agostinho diz pouca coisa sobre o Pai. Soube nos falar, claro, do Filho, e muito do Espírito Santo, porém temos, não diria a ilusão, mas a sensação de que uma espécie de fuga se produz sob sua pluma, por uma espécie de *automaton*, quando se trata do Pai.

Agostinho é, entretanto, um espírito tão lúcido que reencontrei com alegria seu protesto radical contra qualquer atribuição a Deus da expressão *causa sui*. Esse conceito é, com efeito, totalmente absurdo, mas seu absurdo só é demonstrável a partir daquilo que pontuei para vocês, ou seja, que não há causa senão depois da emergência do desejo, e que a causa do desejo não poderia ser sustentada de forma alguma por um equivalente da concepção antinômica da causa de si.

Mas esse mesmo Agostinho, que pode formular essa coisa contra toda piedade intelectual, abranda-se contudo a ponto de traduzir *Ehyeh acher ehyeh*, que há tempos ensinei-os a ler, por *Ergo sum qui sum*, *Sou aquele que sou*, com que Deus afirma-se idêntico ao Ser. Este ano eu pretendia articular para vocês todo tipo de exemplos de outras fórmulas análogas nos textos hebreus, que lhes teriam mostrado que, tanto em latim como em francês, soam falsos e claudicantes, ao passo que Agostinho era excelente escritor. O *Sou aquele que sou* com que Deus afirma-se idêntico ao Ser motiva um puro absurdo quando se trata do Deus que fala a Moisés na sarça ardente.

2

Vou então lembrar brevemente o sentido da função do pequeno *a* nas formas diversas de que lhes falei no ano passado e as quais os que me seguem puderam ver aonde se detinham.

Na angústia, o objeto pequeno *a* cai. Essa queda é primitiva. A diversidade das formas assumidas por esse objeto da queda encontra-se em certa relação com o modo sob o qual o desejo do Outro é apreendido pelo sujeito.

É o que explica a função do objeto oral.

Insisti muito tempo: esta só pode ser compreendida se o objeto que se separa do sujeito introduz-se, nesse momento, na demanda ao Outro, no apelo em direção à mãe, e desenha esse além onde, sob um véu, está o desejo da mãe. Esse ato em que a criança, de certa maneira espantada, vira a cabeça ao se afastar do seio, mostra que apenas aparentemente esse seio pertence à mãe. Fundamentalmente, ele pertence à criança. A referência biológica é aqui feita para nos instruir. Com efeito, o seio é parte do complexo nutricional, que se estrutura diferentemente em outras espécies animais. No caso, ele tem uma parte profunda e uma parte chapada no tórax da mãe.

Uma segunda forma do objeto é o objeto anal, que conhecemos sob a fenomenologia do presente, do dom na efusão [*emói*]. A criança, ao soltar as fezes, concede-as ao que aparece pela primeira vez como dominando a demanda do Outro, ou seja, seu desejo, que ainda permanece ambíguo.

Como os autores não perceberam que é nesse nível que se agarra o suporte do que chamamos de oblatividade? Situar a conjunção oblativa no nível do ato genital só pode ser explicado por uma verdadeira escamoteação, reveladora de uma fuga pânica diante de uma angústia.

Em contrapartida, é no nível genital que o ensino de Freud, e a tradição que dele se conserva, situa a hiância da castração.

Os psicofisiologistas contemporâneos de Freud reduzem o obstáculo ao que chamaram de mecanismo da falsa detumescência, ao passo que Freud, por sua vez, desde o início de seu ensino, articula o que, do orgasmo, representa exatamente a mesma função que a angústia em relação ao sujeito. Acho que lhes mostrei isso ano passado. O orgasmo é em si mesmo angústia, na medida em que o desejo está para sempre separado do gozo por uma falha central.

Que não nos objetem esses momentos de paz, de fusão do casal, em que cada um pode inclusive se dizer, do outro, bem contente. Nós, analistas, vamos examinar isso mais de perto, para ver o que existe, nesses momentos, de álibi fundamental, de álibi fálico, em que a mulher se sublima, de certa forma, em sua função de capa protetora, mas onde alguma coisa que vai mais longe permanece infinitamente do lado de fora. Foi para lhes mostrar isso que comentei longamente com vocês aquela passagem de Ovídio em que se fabula o mito de Tirésias. Do mesmo modo é preciso indicar o que se vê de vestígios do mais-além inquebrantável do gozo feminino no mito masculino de seu pretenso masoquismo.

Conduzi-os mais longe. De forma simétrica, e como sobre uma linha não-redescendente, mas curva em relação a esse topo onde se situa a hiância desejo/gozo no nível genital, cheguei a pontuar a função do pequeno *a* no nível da pulsão escópica.

Sua essência é realizada na medida em que, mais do que em outros lugares, o sujeito é cativo da função do desejo. É que, aqui, o objeto é estranho.

Nesse nível, o objeto é, em uma primeira abordagem, aquele olho que representa tão bem, no mito de Édipo, o equivalente do órgão a ser castrado. Porém, não obstante, não é absolutamente disso que se trata.

Na pulsão escópica, o sujeito encontra o mundo como espetáculo que o possui. Ele é aí a vítima de um logro, pelo qual o que sai dele e o enfrenta não é o verdadeiro *a*, mas seu complemento, a imagem especular, *(i)a*. Eis o que parece ter caído dele. O sujeito é arrebatado pelo espetáculo, regozija-se, esbalda-se. É o que santo Agostinho denuncia e designa de forma tão sublime, num texto que gostaria de lhes passar, como concupiscência dos olhos. Ele acredita desejar porque se vê como desejado e não vê que o que o Outro quer lhe arrancar é o olhar.

Prova disso é o que acontece no fenômeno do *Unheimlich*. A cada vez que, subitamente, por algum incidente fomentado pelo Outro, sua imagem no Outro aparece para o sujeito como privada de seu olhar, toda a trama da cadeia da qual o sujeito é cativo na pulsão escópica se desfaz, e é o retorno à angústia mais básica.

Ela é aqui consignada pelo aleph. Era hoje que, para uso das nossas necessidades deste ano, eu devia introduzir o signo para simbolizá-lo. Eis o aleph da angústia:

$$\underset{\aleph}{(\underline{a} \lozenge \$)}$$

Esta é, ao que parece, em sua estrutura mais fundamental, a relação do sujeito com o pequeno *a*.

Ainda não fui além da pulsão escópica, mas paro por aqui para marcar o que vai se produzir aí de ultrapassamento e desfazer, no momento certo, a impostura que comporta essa fantasia que nós, analistas, conhecemos bem, sob a forma com que a articulei para vocês no ano do meu Seminário sobre a transferência, no termo *ágalma*, auge da obscuridade em que o sujeito é mergulhado em sua relação com o desejo.

O *ágalma* é esse objeto que o sujeito acredita que seu desejo visa, e com o qual leva a seu extremo o desconhecimento do objeto como causa do desejo. Tal é o frenesi de Alcibíades. Daí a réplica que Sócrates lhe dirige: "Ocupa-te de tua alma", o que quer dizer: "Saiba que o que persegues não passa daquilo com que Platão mais tarde fará a tua alma, ou seja, tua imagem. Percebe que a função desse objeto não é de visada, mas de causa mortal, e faça teu luto desse objeto. Ele não é senão tua imagem. Então, conhecerás os caminhos de teu desejo. Pois, eu, Sócrates, que nada sei, a única coisa que conheço é a função do Eros."

Foi assim que os conduzi à porta a que chegamos agora, a do quinto termo da função do pequeno *a*, por meio do qual vai mostrar-se o leque do objeto em sua relação pré-genital com a demanda do Outro pós-genital e com esse desejo enigmático em que o Outro é o lugar do chamariz sob a forma do *a*. No quinto termo, o *a* do Outro é, em suma, a única testemunha de que o lugar do Outro não é apenas o lugar da miragem.

Não nomeei esse pequeno *a*, e, no entanto, em outras circunstâncias, poderia ter lhes mostrado sua luz singular por ocasião de uma das últimas reuniões de nossa Sociedade, que abordava a paranóia. Abstive-me de falar do que se tratava, a saber, da voz.

A voz do Outro deve ser considerada um objeto essencial. Todo analista será solicitado a lhe dar seu lugar e a seguir suas encarnações diversas, tanto no campo da psicose como, no mais extremo do normal, na formação do supereu. Ao situar a fonte *a* do supereu, talvez muitas coisas fiquem mais claras.

Podemos partir da abordagem fenomenológica para situar a relação com a voz do Outro como objeto caído do Outro, mas não podemos esgotar sua função estrutural a não ser dirigindo a interrogação para o que é o Outro como sujeito. Com efeito, se a voz é o produto, o objeto caído do órgão da fala, o Outro é o lugar onde *isso fala*.

Aqui não podemos mais escapar à questão: para além daquele que fala no lugar do Outro e que é o sujeito, o que há cuja voz é assumida pelo sujeito a cada vez que fala?

3

Se Freud coloca no centro de sua doutrina o mito do pai, é claro que é em razão da inevitabilidade da questão.

Não menos claro é o fato de que, se toda a teoria e práxis da psicanálise nos parecem atualmente em pane, é por não terem ousado, nessa questão, ir mais longe que Freud.

Eis de fato por que um daqueles que formei como pude falou, em um trabalho que não deixa de ter mérito, da *questão do pai*. Essa fórmula era ruim, era inclusive um contra-senso, sem que se possa criticá-lo por isso. Não pode ser questão da questão do pai pela razão de que estamos além do que pode ser formulado como questão.

Quero apenas tentar situar como seria possível hoje ter desenhado a abordagem do problema aqui introduzido.

É claro que o Outro não poderia ser confundido com o sujeito que fala no lugar do Outro, nem mesmo por sua voz. O Outro, se é o que digo, o lugar onde isso fala, só pode colocar uma espécie de problema, o do sujeito *anterior à questão*. Ora, Freud percebeu isso admiravelmente.

Uma vez que devo assumir um certo silêncio a partir de hoje, não deixarei de assinalar para vocês que alguém que não está entre os meus alunos, Conrad Stein, para nomeá-lo, traçou o caminho nesse campo. Se eu não tivesse que parar, teria pedido a vocês que se reportassem ao trabalho dele, pois é bastante satisfatório, para me poupar a tarefa de lhes mostrar como, a despeito do erro e da confusão do tempo, Freud pôs o dedo no que merece permanecer de cada um desses autores, de Robertson Smith a Andrew Lang, após a crítica, sem dúvida fundada do ponto de vista do especialista, da função do totem feita por meu amigo Claude Lévi-Strauss.

Nem por isso Freud deixa de ser a viva demonstração do quanto aquele que se coloca no nível da busca da verdade pode ultrapassar de longe todas as opiniões do especialista. Pois o que restaria disso, não restasse nada além de *a*, já que deve se tratar do sujeito anterior à questão?

Miticamente – e é o que quer dizer *mítica mente* –, o pai só pode ser um animal. O pai primordial é o pai anterior ao interdito do incesto, anterior ao surgimento da Lei, da ordem das estruturas da aliança e do parentesco, em suma, anterior ao surgimento da cultura. Eis por que Freud faz dele o chefe da horda, cuja satisfação, de acordo com o mito animal, é irrefreável. Que Freud chame esse pai de *totem* adquire todo sentido à luz dos progressos introduzidos pela crítica estruturalista de Lévi-Strauss, sobre a qual vocês sabem que põe em relevo a essência classificatória do totem.

Vemos, portanto, que é necessário colocar no nível do pai um segundo termo depois do totem, que é essa função que creio ter definido em um de meus Seminários, mais longe do que jamais se fizera até o presente, isto é, a função do nome próprio.

O nome, como lhes mostrei, é uma marca já aberta à leitura – eis por que ela será lida da mesma forma em todas as línguas – impressa sobre alguma coisa que pode ser um sujeito que vai falar, mas que não falará de modo algum obrigatoriamente. Prova disso é que Bertrand Russell se enganou quanto a isso, afirmando que se poderia chamar de *John* um ponto geométrico no quadro. Conhecemos estranhas cabriolas de Bertrand Russell, não sem mérito por sinal, mas é bem certo que em nenhum momento ele interroga um ponto marcado com giz no quadro-negro na esperança de que o dito ponto lhe responda.

Eu tinha destacado também, como referência, os caracteres diversamente fenícios e outros que sir Flinders Petrie descobriu no Alto Egito em cerâmicas que antecedem em alguns séculos o uso desses caracteres como alfabeto na área semita. Isso ilustra para nós o fato de que a cerâmica nunca teve oportunidade de tomar a palavra para dizer que aquela é sua marca de fábrica. É nesse nível que o nome se situa.

Desculpem-me, mas é preciso que eu avance um pouco mais rapidamente do que desejaria em outras circunstâncias. Aponto-lhes aqui algo da direção a ser seguida, vejam, agora, qual aporte nos dá a via que abordamos.

Não poderíamos ir mais além do nome e da voz, e nos balizar pelo que o mito implica no registro fruto de nosso progresso, o desses três termos: o gozo, o desejo e o objeto?

É claro que Freud encontra em seu mito um singular equilíbrio da Lei e do desejo, uma espécie de co-conformidade entre eles, se posso me permitir duplicar assim o prefixo, pelo fato de que, ambos, conjugados e necessitados um pelo outro dentro da lei do incesto, nascem juntos, de quê? – da suposição do gozo puro do pai como primordial.

Por outro lado, se isso deve supostamente nos dar a marca da formação do desejo na criança em seu processo normal, não convém colocar a questão de saber por que isso gera, antes, neuroses? Insisti longamente sobre esse ponto anos a fio.

É aqui que assume seu valor a ênfase que me permiti conferir à função da perversão quanto à sua relação com o desejo do Outro como tal. Isso significa que ela representa o ato de pôr contra a parede a apreensão ao pé da letra da função do Pai, do Ser Supremo. O Deus Eterno tomado ao pé da letra, não de seu gozo, sempre velado e insondável, mas de seu desejo como interessado na ordem do mundo, eis o princípio no qual, petrificando sua angústia, o perverso se instala como tal.

Eis, portanto, as duas grandes arcaturas. Na primeira, compõem-se e conjugam-se o desejo dito normal e aquele que se coloca no mesmo nível, o desejo dito perverso. Era preciso colocar inicialmente essa arcada para desdobrar em seguida o leque de fenômenos que vão da neurose ao misticismo, e compreender que se trata aí de um todo.

A neurose é inseparável, aos nossos olhos, de uma fuga diante do desejo do pai, o qual o sujeito substitui por sua demanda.

O misticismo está em todas as tradições, exceto na que vou introduzir, em que se fica bastante constrangido sob esse aspecto, uma busca, construção, ascese, assunção, o que quiserem, um mergulho em direção ao gozo de Deus.

Em contrapartida, o que marca o misticismo judaico, até mesmo no amor cristão, e mais ainda na neurose, é a incidência do desejo de Deus, que aqui faz pivô.

4

Peço desculpas por não poder levar adiante essas indicações, mas não quero deixá-los sem ter ao menos pronunciado o nome, o primeiro nome, pelo qual gostaria de introduzir a incidência específica da tradição judaico-cristã.

Esta, com efeito, não é a do gozo, mas do desejo de um Deus, que é o Deus de Moisés.

Foi perante ele que, em última instância, a pluma de Freud parou. Mas Freud está certamente até mesmo além do que nos transmite sua pluma.

O nome desse Deus é somente *O Nome*, o que se diz *Shem*. Quanto ao Nome que designa o *Shem*, eu nunca o teria pronunciado no Seminário deste ano por razões que teria lhes explicado, embora alguns conheçam sua pronúncia. Aliás, quanto à pronúncia, não há apenas uma, temos muitas, por exemplo as que nos deram os *Ma'assot*, e elas variaram ao longo dos séculos.

De resto, a propriedade desse termo é antes designada por letras que entram na composição do Nome, e que são sempre certas letras escolhidas entre as consoantes. Eu tinha estudado um pouco de hebraico o ano passado pensando em vocês, as férias que lhes dou evitarão que tenham de fazer esse mesmo esforço.

No Êxodo, capítulo seis, o *Eloim* que fala na sarça ardente – que é preciso conceber como seu corpo, *Kavod*, que se traduz por *Sua glória*, acerca do qual gostaria de lhes explicar que é coisa bem diferente –, esse Deus, falando a Moisés, lhe diz: "Quando fores em direção a eles, irás dizer-lhes que me chamo *Eyheh acher ehyeh*, *Eu sou aquele que sou.*"

Eu sou – eu sou o cortejo. Não há nenhum outro sentido a atribuir a esse *Eu sou* a não ser o Nome *Eu sou*. "Mas não foi sob esse Nome", diz o *Eloim* a Moisés, "que me anunciei a teus ancestrais." Foi o que nos levou ao ponto em que marquei encontro com vocês para o seminário deste ano.

"Deus de Abraão, Deus de Isaac e Deus de Jacó, não o Deus dos filósofos e dos cientistas", escreve Pascal no cabeçalho do *Memorial*. Do primeiro, pode-se dizer o que pouco a pouco habituei vocês a ouvir, a saber, que um Deus, isso se encontra no real. Como todo real é inacessível, isso se assinala pelo que não engana, a angústia.

O Deus que se anunciou a Abraão, Isaac e Jacó o fez sob um Nome pelo qual o *Eloim*, da sarça ardente, o chama, e que escrevi no quadro. Isso se lê *El Shaddaí*.

אל שרי

Os gregos, que fizeram a tradução da *Septuaginta*, estavam muito mais bem-informados que nós. Eles não traduziram *Ehyeh acher ehyeh* por "Eu sou aquele que *sou*", como santo Agostinho, mas por "Eu sou aquele que *é*" – designando o ente, *Emi to on*, "Eu sou o Ente", e não o Ser, *einai*. Não é isso, mas pelo menos faz sentido. Como gregos, eles pensaram que Deus é o Ente supremo. *Eu* = o Ente.

Não se arrancam assim, de um dia para o outro, as pessoas de seus hábitos mentais. Uma coisa, no entanto, é certa, eles não traduziram *El Shaddaí*, como em nossos dias, por "o Todo-Poderoso", *the Almighty*, traduziram-no prudentemente por *Theos*, que é o nome que dão a tudo que não traduzem por

"Senhor", *Kirios*, que é reservado ao *Shem*, isto é, ao nome que não pronuncio.

O que é *El Shaddaí*? Pois bem, mesmo que eu fosse encontrá-los na semana que vem, não estava previsto que lhes dissesse isso hoje, e não forçaria as portas, ainda que fossem as do Inferno, para lhes dizer.

Pretendia introduzir o que poderia lhes ter dito por algo essencial – nenhum compromisso com o nosso Kierkegaard de ainda há pouco –, que se chama, na tradição judaica, de *Akedah*, a ligadura, em outras palavras, o sacrifício de Abraão.

Teria lhes apresentado o sacrifício de Abraão sob a forma em que a tradição dos pintores o figurou, numa cultura em que as imagens não são proibidas. É aliás bem interessante saber por que, nos judeus, elas o são, e por que, de tempos em tempos, o cristianismo teve a febre de se desfazer delas.

Ainda que reduzidas à imagem de Épinal, forneço-lhes essas imagens. Não é como suplemento a meu seminário deste ano, pois, seguramente, eles, os Nomes, não estão aí, mas as imagens, por sua vez, estão suficientemente em leque para que vocês encontrem nelas tudo o que anunciei desde a metáfora paterna.

Peguem um dos dois quadros que Caravaggio fez sobre isso. Há um menino, a cabeça imobilizada contra o pequeno altar de pedra. A criança sofre, faz caretas. A faca de Abraão está erguida acima dele. O anjo está ali, presença daquele cujo Nome não é pronunciado.

O que é um anjo? Eis outra questão que não teremos de abordar juntos. Entretanto, isso teria me divertido, fazê-los rir do meu último diálogo com o padre Teilhard de Chardin: "Meu Pai, mas esses anjos, como vocês fazem para suprimi-los da Bíblia, com a consciência cada vez maior de vocês e tudo que daí se segue?" Achei que o faria chorar. "Mas, enfim, vejamos, o senhor está realmente falando sério?" "Sim, padre, levo em conta os textos, especialmente quando se trata das Escrituras, sobre as quais está fundada, em princípio, sua fé." Com seu nominador do planeta, o que podia ele fazer com os anjos?

Esse anjo, ei-lo portanto, que, acompanhado ou não do consentimento do padre Teilhard, retém o braço de Abraão. Seja o quer que for esse anjo, é claramente a título de *El Shaddaí* que ele está ali. É a esse título que sempre foi visto tradicionalmente. É a esse título que se desdobra tudo o que há de patético de drama no qual Kierkegaard nos arrasta. Pois, enfim, antes desse gesto que retém, Abraão foi ali para alguma coisa. Deus lhe deu um filho, depois lhe ordenou que o levasse para o lugar de um misterioso encontro, e ali, o pai amarrou-lhe as mãos aos pés, como um cordeiro, para sacrificá-lo.

Caravaggio, *O sacrifício de Isaac* (1596),
Princeton, col. Barbara Piasecka Johnson.

Caravaggio, *O sacrifício de Isaac* (c.1601-1602), Florença, Galeria Uffizi.

Antes de nos emocionarmos como é praxe em ocasiões assim, poderíamos lembrar que sacrificar seu filhinho ao *Eloim* da esquina era corrente, e não apenas na época, pois isso continuou até tão tarde que foi preciso incessantemente que o anjo do Nome ou o profeta que fala em nome do Nome detivessem os israelitas prestes a recomeçar.

Vamos adiante. Esse filho, vocês me dirão, é seu filho único. Isso não é verdade. Ele tem Ismael, já com catorze anos nesse momento. Mas é um fato que Sara se mostrara infecunda até a idade de noventa anos, e que foi esta a razão pela qual Ismael nasceu da relação do patriarca com uma escrava.

O poder de *El Shaddaí* prova-se em primeiro lugar pelo seguinte: foi aquele que conseguiu tirar Abraão do meio de seus irmãos e de seus pares. É muito engraçado aliás, quando lemos, perceber, se examinarem o cálculo dos anos, que muitos ainda viviam. Como Sem tinha tido seus filhos à idade de trinta anos, e viveu quinhentos anos, e, em toda a linhagem, eles tiveram filhos aos trinta anos, tinha-se tão somente chegado próximo dos quatrocentos anos de Sem no momento do nascimento de Isaac. Enfim, nem todos gostam da leitura como eu.

De todo modo, esse *El Shaddaí* tem também algo a ver com esse filho do milagre. Sara lhe diz: "Estou murcha." É claro que a menopausa existia naquela época. Isaac é, então, o filho do milagre, da promessa. Logo, é fácil conceber que Abraão se apegue a ele.

Sara morre pouco tempo depois. Nesse momento, há muita gente ao redor de Abraão, em particular Ismael, que se encontra ali não se sabe como. O patriarca vai se mostrar tal como é, um formidável genitor. Casa-se com outra mulher, Cetura, e tem assim, se minha lembrança é boa, seis filhos. Só que não são filhos que receberam a *baraka* como o filho daquela que o carregou em nome de *El Shaddaí.*

El Shaddaí não é a Onipotência, ela cessa no limite do território de seu povo. Quando outro *Eloim* do lado de Moab revela a seus súditos o truque certo para repelir os invasores, isso funciona, e *El Shaddaí* levanta acampamento com as tribos que o levaram à invasão. *El Shaddaí* é aquele que elege, aquele que promete, e que faz passar por seu nome uma certa aliança, que é transmissível de uma única forma, pela *baraka* paterna. É também aquele que faz uma mulher esperar um filho até noventa anos e que faz esperar muitas outras coisas ainda, que poderia ter lhes mostrado.

Não me recriminem por ter feito pouco caso da sensibilidade de Abraão, pois ao abrirem um livrinho que data do final do século XI, do chamado Rachi, em outras palavras Rabbi Salomon ben Isaac, de Troyes, que é um asquenaze da França, vocês lerão estranhos comentários. Quando Abraão fica sabendo pelo anjo que ele não está ali para imolar Isaac, Rachi faz-lhe dizer: "E então? Quer dizer que eu vim para nada? Vou, mesmo assim, lhe fazer ao menos um leve ferimento, para sair um pouco de sangue. Isso te dará prazer, Eloim?" Não sou eu quem está inventando, é um judeu devotíssimo, e cujos comentários são bastante estimados na tradição da Mishnah.

Eis-nos, então, com um filho e, depois, dois pais.

Isso é tudo? Felizmente, ela está aí para nos lembrar que não é tudo, a imagem de Épinal, sob a forma mais suntuosa dos quadros de Caravaggio. Há um em que o cordeiro está à direita, e em que vocês encontrarão aquela cabeça que introduzi no ano passado, invisivelmente, sob a forma do *chofar*, o chifre do cordeiro. Esse chifre lhe é incontestavelmente arrancado.

Não terei oportunidade de aprofundar para vocês o valor simbólico disso, mas gostaria de concluir sobre o que é esse cordeiro.

Não é verdade que seja no nível da fobia que o animal surge como metáfora do pai. A fobia nada mais é do que o retorno de algo anterior, o que dizia Freud referindo-se ao totem. O totem quer dizer que o homem, não tendo muito do que se orgulhar por ter sido o último produto da criação, aquele que foi feito do barro, o que não é dito de nenhuma outra criatura, vai buscar para si ancestrais honrados. Nós ainda estamos nesse ponto, como evolucionistas, precisamos de um ancestral animal.

Não lhes direi as passagens que consultei, seja na Mishnah, nomeadamente nos *Pirké Avot*, que são as sentenças, ou máximas, ou capítulos dos Pais – digo isso para aqueles a quem isso possa interessar, não é grande como o Talmude, podem se remeter a ele, foi traduzido em francês –, seja em Rachi. São as duas únicas referências que quero lhes dar hoje.

Rachi é o mais sucinto ao exprimir que, segundo a tradição rabínica, o cordeiro de que se trata é o Cordeiro primordial. Ele estava ali, escreve, desde os sete dias da criação, o que o designa pelo que é, um *Eloim*. Com efeito, não é apenas aquele cujo Nome é impronunciável que estava lá, mas todos os *Eloim*. O Cordeiro é tradicionalmente reconhecido como o ancestral da raça de Sem, aquele que se junta a Abraão, por um período bem curto por sinal, nas origens.

O cordeiro de chifres emaranhados se precipita até uma cerca que o detém. Gostaria de lhes mostrar, nesse lugar da cerca, algo que é longamente comentado aqui e ali. O animal precipita-se para o local do sacrifício, e convém insistir naquilo sobre o qual ele vem avidamente pastar, quando aquele cujo Nome é impronunciável o designa, ele, para ser sacrificado por Abraão no lugar de seu filho. Esse cordeiro é seu ancestral epônimo, o Deus de sua raça.

Marca-se aqui o gume da faca entre o gozo de Deus e o que, nessa tradição, presentifica-se como seu desejo. Aquilo de que se trata de provocar a queda é a origem biológica. Aí está a chave do mistério, em que se lê a aversão da tradição judaica a respeito do que existe por todo lado. O hebraico odeia a prática dos ritos metafísico-sexuais que, na festa, unem a comunidade ao gozo de Deus. Valoriza, ao contrário, a hiância que separa desejo e gozo.

Podemos encontrar o símbolo dessa hiância nesse mesmo contexto, o da relação de *El Shaddaí* com Abraão. É aí que, primordialmente, nasce a lei da circuncisão, a qual gera, como sinal da aliança do povo com o desejo daquele que o elegeu, esse pequeno pedaço de carne cortada.

Conduzi-os no ano passado, com alguns hieróglifos atestando usos do povo egípcio, ao enigma desse pequeno *a*. É com ele que vou lhes deixar.

Direi apenas para concluir que, se interrompo esse Seminário, não o faço sem me desculpar junto àqueles que, há anos, vem sendo meus fiéis ouvintes.

São, entretanto, alguns deles que agora voltam essa marca contra mim, alimentados por palavras e conceitos que lhes ensinei, ensinando pelas vias e caminhos por onde os levei.

Num desses debates confusos durante os quais um grupo, o nosso, mostrou-se verdadeiramente em sua função de grupo, arrastado, daqui, dali, por turbilhões cegos, um de meus alunos – peço-lhe desculpas por ter depreciado seu esforço, que seguramente teria sido capaz de carregar um eco e reconduzir a discussão a um nível analítico – achou por bem dever dizer que o sentido do meu ensino seria que a verdade, sua verdadeira apreensão, é que não a agarraremos jamais.

Inacreditável contra-senso! No melhor dos casos, que impaciência infantil!

É preciso que eu tenha pessoas consideradas cultas não sei por que entre aqueles que estão mais imediatamente ao alcance de me seguir!

Onde já se viu uma ciência, ainda que matemática, em que cada capítulo não remeta ao capítulo seguinte?

Seria isso justificar uma função metonímica da verdade?

Não vêem que, à medida que eu avançava, continuava a me aproximar de certo ponto de densidade aonde vocês não poderiam chegar sem os passos precedentes?

Ouvindo uma réplica dessas, não dá vontade de invocar os atributos da vaidade e da tolice, espécie de espírito em forma de casca, que recolhemos em operação nos comitês de redação?

Dessa práxis que é a análise, tentei enunciar como a busco, como a agarro. Sua verdade é movediça, decepcionante, escorregadia. Vocês não conseguem compreender que é porque a práxis da análise deve avançar em direção a uma conquista da verdade pela via do engano? Pois a transferência não é outra coisa, a transferência como o que não tem Nome no lugar do Outro.

Há muito tempo, o nome de Freud torna-se cada vez mais inoperante. Então, se minha marcha é progressiva, se é até mesmo prudente, não será porque devo lhes alertar contra o declive onde a análise arrisca-se sempre a escorregar, quer dizer, a via da impostura?

Não estou aqui num libelo a meu favor. No entanto, devo dizer que, ao ter confiado a outros há dois anos o manejo, no seio do grupo, de uma política – para preservar o espaço e a pureza do que tenho a lhes dizer –, nunca, em momento algum, dei-lhes pretexto para acreditar que para mim não havia diferença entre o sim e o não.

20 de novembro de 1963

Indicações biobibliográficas

"O SIMBÓLICO, O IMAGINÁRIO E O REAL"

O título é o original; a conferência havia sido estenografada, depois datilografada; o texto aqui publicado foi estabelecido por mim; indicada no texto, permanece uma lacuna (p.32), possivelmente de pouca extensão.

Esta foi a primeira comunicação dita científica da nova Sociedade Francesa de Psicanálise, recém-oriunda da cisão ocorrida no movimento psicanalítico francês. O conflito devia repercutir dez anos mais tarde, conduzindo dessa vez à "excomunhão" de Lacan e à fundação por este de sua própria Escola, que batizará Escola Freudiana de Paris.

A fonte de inspiração da tríade lacaniana encontra-se no artigo de Lévi-Strauss, "A eficácia simbólica" (publicado em 1949, retomado em *Antropologia estrutural*, 1958), que propõe a definição sucinta, porém inédita, de um inconsciente vazio, sem conteúdo, puro órgão da função simbólica, impondo leis de estrutura a um material de elementos inarticulados proveniente tanto da realidade como do reservatório de imagens acumuladas por cada um (ver p.223-5 da ed.fr.). O conceito do "mito individual", que figura nessas mesmas páginas, fora retomado por Lacan em sua conferência de 1952 intitulada "O mito individual do neurótico".

Na esteira de sua conferência de julho de 1953, Lacan lançou-se à redação do relatório que devia apresentar dois meses mais tarde em Roma, no primeiro Congresso da nova Sociedade, e que marcará época ("Função e campo da fala e da linguagem em psicanálise", in *Escritos*, Rio de Janeiro, Zahar, p.238-324; "Discurso de Roma", in *Outros escritos*, Rio de Janeiro, Zahar, p.139-72).

Lacan refere-se ao seminário que acaba de concluir, sobre o Homem dos Ratos, e ao do ano precedente, sobre o Homem dos Lobos. Esses seminários eram realizados em sua casa, rua de Lille, e não eram estenografados; ao que eu saiba, subsistem apenas algumas notas de ouvintes; não podiam portanto figurar na lista dos seminários cuja publicação foi prevista e anunciada. Em 1967, Lacan fala do Seminário dos *Nomes-do-Pai* como de seu décimo terceiro (ver adiante), levando, portanto, em conta os dois desaparecidos, provavelmente porque a superstição atribui ao número treze certo valor maléfico e porque Lacan tinha, como Freud, gosto pela numerologia; lembro igualmente seu artigo "O número treze e a forma lógica da suspeição" (*Outros escritos*, p.91-105), que termina com uma evocação do Juízo Final.

"Introdução aos Nomes-do-Pai"

Ao descobrir a estenografia dessa lição no dossiê dos *Quatro conceitos fundamentais da psicanálise* que Lacan me dera, propus-lhe colocá-la na abertura desse Seminário, que foi o primeiro a ser publicado, em 1973. Lacan concordou, ajudou-me a estabelecer o texto, depois, *in extremis*, reconsiderou: não, disse-me ele, não chegou o tempo de se ler isso, ficará para mais tarde. Manteve essa posição até a morte, a despeito das reapresentações que lhe fazia de tempos em tempos.

Constato que só o publiquei após a morte de meu pai, o dr. Jean Miller, falecido em 25 de agosto de 2004 e enterrado, segundo seu desejo, no rito hebraico. Queria eu fazer dessa publicação uma homenagem à sua memória, ou ter certeza de que ele não o leria? As duas alternativas não são incompatíveis.

Lacan começa sua conferência evocando a notícia que lhe fora dada "na noite passada, bem tarde": acabava de ser riscado da lista dos didatas da Sociedade Francesa de Psicanálise pela "comissão de ensino" da qual fazia parte; depois de anos de transações sórdidas, sua cabeça revelara-se efetivamente o preço a ser pago pelos colegas a fim de obterem seu reconhecimento internacional como "French Study Group". Era o que Lacan chamaria alguns meses mais tarde sua "excomunhão" (ver primeira lição do Seminário 11, *Os quatro conceitos fundamentais da psicanálise*, Rio de Janeiro, Zahar, 1979, p.9-20).

Ele voltaria a esse assunto por diversas vezes. Vou me contentar em retomar aqui os termos de sua conferência de Nápoles em dezembro de 1967 ("O engano do sujeito suposto saber", in *Outros escritos*, p.329-40). Citando Pascal, como na "Introdução aos Nomes-do-Pai", ele opõe o Deus dos filósofos (em outros termos, o sujeito suposto saber) e o Deus de Abraão, Isaac e Jacó (Deus-Pai), e escreve: "Esse lugar do Deus Pai é aquele que designei como o Nome-do-Pai e que me propus ilustrar no que deveria ser meu décimo terceiro seminário (o décimo primeiro em Sainte-Anne), quando uma passagem ao ato de meus colegas psicanalistas forçou-me a pôr um fim nele, depois da primeira lição. Nunca mais retomarei esse tema, vendo nisso o sinal de que esse lacre ainda não pode ser retirado para a psicanálise."

A declaração de um aluno (J.-B. Pontalis, então membro do comitê de redação da revista de Jean-Paul Sartre) é estigmatizada no fim da lição; Lacan voltou a esse dito por diversas vezes, referindo-se a ele sob a forma: "Por que ele não diz (ele, Lacan) a verdade sobre a verdade?"

JAM

NB: Documentos institucionais referentes ao período foram pela primeira vez publicados em duas de minhas coletâneas atualmente esgotadas, *La Scission de 1953* e *L'Excommunication*; outros figuram em *História da psicanálise na França: A batalha de cem anos*, de Elisabeth Roudinesco (Rio de Janeiro, Zahar, 1988, vol.2).

1ª EDIÇÃO [2005]

ESTA OBRA FOI COMPOSTA POR FUTURA
EM CASLON E LEGACY E IMPRESSA PELA UMLIVRO
EM PROCESSO DE IMPRESSÃO SOB DEMANDA
SOBRE PAPEL ALTA ALVURA DA SUZANO S.A. PARA
A EDITORA SCHWARCZ A PARTIR DE AGOSTO DE 2020